我想對此刻的自己說：

「你真的過得很好。」

不再假裝沒關係

我無法更認真了。
比起成為合格的大人，
更想認同那個無能為力的自己

韓在媛（한재원）著
金鎮率 繪
簡郁璇 譯

序

不再假裝沒關係

「沒關係，大家都是這樣過活。以前的人不是更忙碌、更疲累嗎？所以不要緊的。」

對我而言，「好好生活」就像是一項作業。一旦對於持續往返住家與公司的單調日常產生罪惡感，我便會將自己推入焦頭爛額的生活中，藉此鞭策自己。但是——

我什麼也不想做。

為了步上正軌，付出過多少努力，就有多麼疲乏無力。明明「想讓自己好起來」，付出的努力卻全部化為泡沫時，我下定決心「不再假裝沒關係」——今天就先隨心所欲地過吧！

面對敷衍度過的時光，我的心態變得寬容起來，不再無謂地逼迫自己，並與「認真」一詞漸形疏遠。

直到我放下「想要努力變好」的念頭，才得以正視自己。

如今我不再撫心自問，擔憂這樣生活是否沒關係，或者自己是不是真的過得很好，取而代之的，是一邊體會細微的滿足感，一邊過日子。在倦意襲來的午後時分，我會喝上一杯溫暖的拿鐵；如果週末沒有約會，就會整天玩遊戲；要是完成一篇文章，就來杯沁涼的啤酒再就寢。

本書收錄了我在韓國 Naver Post 個人專欄「所以說啊，我……」的文章，並記錄自己進公司後宛如雲霄飛車般的生活。雖然不免猶豫，我真的可以把這種普通上班族浸泡於滿滿疲勞中的文章給別人看嗎？

儘管如此，我已下定決心「不再假裝沒關係」了。小心翼翼地擷取自己的故事，期待有人在下班的沉重路途中閱讀此書，並驚訝地感嘆道：「這個人和我一模一樣呢！」

然後，從中獲得片刻的安慰。

韓在媛

目錄

PART 1

當下，我們活著啊

PART 2

人生，愛著也恨著

PART 3

魯蛇，你不用戰勝誰

PART 4

如此，便是安好

Hashtag

PART 1

當下，我們活著啊

與其安慰「為過去感到後悔、
並對不可知未來而憂心忡忡」的自己，
我更想對「正在竭力戰勝這些事、
此刻昂首闊步」的我，
如此訴說：
「你，活在當下，
你，真的過得很好。」

滴答、
滴答

有時，走走反方向

夏季某日，我到延南洞[1]購入了兩大袋的麵包。在那個光是走路，鼻翼也會沁出汗水的溼熱日子，儘管我疲累到連跨出一步都覺得吃力，但只要一想到之後能夠享用麵包，仍不由得精神為之振奮起來。

步行回家要耗費一小時，我猶豫著該不該搭地鐵，不過，要走到地鐵站也很麻煩，於是最後決定「搭公車吧」。雖然必須轉乘，花上的時間還更長，但至少公車站牌比較近。如果是平常，我一定會打開手機的地圖APP，查好路線後再走，不過，當時我已經跑了兩家麵包店採買，實在沒辦法空出雙手來做這件事。

憑藉著些許直覺和模糊記憶，我走向對面的公車站牌。一輛公車迎面駛來，眼前正是熟悉的路線號碼，於是我不做他想，迅速地上車，不知為何，車上空無一人。在涼爽的空調吹拂之下，意識變得疲乏慵懶，倦意也瞬間襲來。

好像該下車了呢……等到我打起精神，抬頭看向窗外，才頓時疑惑這是哪裡？

「啊，又搭錯方向了。」

1　位於韓國首爾，該區是熱門的旅遊景點。「洞」為韓國的行政區域單位，大小介於「區」與「里」之間。

眼前是初次見到的陌生社區，我心中嘀咕道，打從一開始看到空蕩蕩的公車就該有所警覺；還來不及確認到了哪一站，就手忙腳亂地趕緊下車。這時我才打開地圖ＡＰＰ，發現我在這輛離自家愈來愈遠的公車上，足足搭乘了二十多分鐘。

此處當然沒有可以返家的公車，我必須折回原路才行。與出發時相同，我再度橫越馬路，走向公車站牌。等車時，我在手機上敲打訊息傳給母親。

「我搭到反方向的公車，所以正要掉頭回去。」

若是把我家當成目的地，以現在位置為基準的話，目前確實是朝著正確的方向前進，不過若從返回原路的角度來看，又可以說是反方向。

「因為出發的時候就是反方向，結果又得朝反方向回去了。」

等候公車的同時，我細細地咀嚼這段話。**「往反方向走」**就代表走錯方

向嗎？又或者是走回正確的路呢？前者說的是我搭錯車的失誤，後者則是指回家的歸程。

仔細思忖，我的人生不斷地走「反方向」。看似往前邁進，實際上卻朝反方向的情況，已經不止發生一、兩次。大學入學考試落榜之後，我選擇了重考，由於成績不理想，最後又二度重考；在公司寫企劃案時，因為太過天馬行空，最後還是改回原來的版本；我曾經忘記下班時間是塞車的巔峰時段，搭上計程車之後，在大馬路上塞了半小時，結果只好折返原路，匆匆忙忙地跑去搭地鐵；也曾與傷害過我的同類型對象交往，最後又受到傷害。

因為走了反方向，所以必須掉頭返回，但以結果來看，我還是抵達了目的地。我在經歷第二次重考之後，再也不必面對入學考試；數次修改企劃案，最後也得以順利繳交；多虧精準的地鐵班次，讓我能夠準時赴約；透過一而再、再而三的白費功夫，我徹底了結不恰當的戀愛。

身為一位徒勞無功的專家，我學到了一件事：**我們隨時都能往反方向走，不管是否出於自己的意願。**

無論如何，都不要緊的。

因為終究都會抵達目的地。

儘管會把自己搞得筋疲力竭就是了。

我的睡蟲人生

假如有人問我的嗜好和專長是什麼，我希望自己能毫不猶豫地說：「躺平和睡覺。」

我的華麗睡眠資歷，必須追溯到連自己都沒有記憶的童年時期。根據母親的證詞，我從小開始，每天必定要睡上一回午覺。幼稚園的午休時間，當其他小朋友因為睡不著而嘰嘰喳喳地說話時，只有我獨自熟睡。上小學時，當晚餐結束、電視開始播映《花王仙女》[2]之際，才八點三十分我便產生睡意，在「孩子應該就寢的九點」到來之前，我經常早已呼呼大睡。

上了高中之後，我的睡眠習慣依然不變。真不曉得身上的瞌睡蟲為何這麼多，只要到了下課時間，我必定會趴在桌上睡覺。在讀書室[3]唸書時，我還曾經一邊看著英文課本，一邊打瞌睡，最後甚至整個腦袋瓜直接敲在課本上，那時我睡得既深且沉，就像晚上睡覺一樣。等到我頭髮散亂、睜開惺忪睡眼時，已經不知不覺地過了三、四個鐘頭，太陽也逐漸西下了。

即使現在成為上班族也一樣，反正週末也沒有特別的行程，所以我會盡情地睡上一整天。直到下午，我才蓬頭垢面、動作慵懶地起床，通常看一會兒電視，吃過晚餐之後，再度鑽進棉被裡滑手機，然後進入淺眠狀態。睜開雙眼時，夜已深了，我會到廚房喝一杯涼水，接著又蓋上棉被、闔上雙眼。

天生就是條睡蟲的我，只要情況允許，就想在床上躺平；時間許可的話，就想好好睡上一覺。因為一天有八成的時間都保留給睡眠，我覺得這樣的自己很沒出息，所以高中時也曾經嘗試減少睡眠。

不知怎麼回事，打從我高三開始，睡意就不時漫天襲來。只要我打算讀點書，瞬間就會睏得不得了。當時我認為這是睡眠不足所造成，所以一到週末就會理直氣壯地睡懶覺，即使是午睡，也會猶如晚上就寢般酣睡。

可是不管怎麼睡，我依然經常感到疲倦，就算睡得再長再久，倦意也沒有因此離去。不曉得是幸抑或不幸，因為擔心飯後想睡，所以重考時期我刻意吃很少，反倒變得沒那麼想睡了。

2　韓國MBC電視台於二〇〇四年六月至二〇〇五年一月上映的連續劇，播放時間為晚上八點二十分。

3　類似台灣的K書中心。

仔細想想，長大之後也依然如此。每當我熬夜做重要的工作，或者坐在咖啡廳裡一邊啜飲濃咖啡，一邊目不轉睛地盯著筆記型電腦時，睡意就會瘋狂地湧現。當要做的事情增加、要打理的事項愈多，睡眠時間似乎也跟著等比增加。

我對於動不動就疲倦的自己感到鬱悶，明明昨晚睡得很飽，搭乘交通工具時，也沒放過任何可以補眠的機會，為什麼還會這樣呢？

壓力大而不易入睡，也就是失眠。而我在患有失眠症的同時，似乎因為疲勞累積、睡眠節奏被破壞，導致嚴重的日間嗜睡症。

難道是因為沒辦法睡得像小時候那麼多，所以才產生壓力嗎？又或者是壓力太大而無法成眠，導致睡眠不足，才想要睡得更久呢？當我在兩個無解的想法擺盪之際，睡意分毫不差地找上了門。

該不會是得了嗜睡症吧？我滿懷擔憂，搜尋著壓力與睡眠的相關報導，因此得知「壓力睡眠者」（stress sleeper）這個新詞彙。它是指只要受到壓力便尋求睡眠解決的人，這種人遇上負面的事情時，睡眠時間也會有增加的傾向。

「危險！危險！壓力警報，睡蟲大舉進攻啦！」

是不是只要碰到壓力，就會像網路漫畫《有美的細胞》[4]般全身響起警報呢？從某種角度來看，這真是件值得感謝的事啊。

我睡得多，而且也喜歡睡覺，可是卻為此深感自責，人生因此變得不幸。

既然事已至此，於是我下定決心改變看待睡眠的角度，不再把花在睡覺的時間當成虛度光陰。轉念一想，這反而是為疲倦日常捎來禮物的一段美好時光。

4 韓國漫畫網站 Naver Webtoon 平台上的人氣漫畫，自二〇一五年開始連載，將主角有美的細胞擬人化為身穿藍色服裝的角色，會隨著她的感情起伏而出現趣味十足的互動。

「到了週末就盡情睡一覺吧！」平時我會背誦這句咒語。對於強迫自己改變唯一能充分休息的方法，以及帶著罪惡感來自我折磨，我也暗自反省。

「竟然睡了這麼久，真的睡得很盡興呢！」我決定對自己的睡眠時間感到滿足。

認真說起來，我經常把不是自己過錯的事情拿來折磨自己，但今後再也不會自責了，我決心要活得從容一些。

睡意排山倒海襲來這件事，目前為止還不到令人憂心的程度，反而覺得是我個人脆弱的那一面，為了避免壓力持續累積，才用這種方式來提醒自己，並為此感到神奇不已。

書寫這篇文章的此刻，除了深夜就寢之外，我不會特別感到睏意纏身，看來目前的壓力指數似乎還在能接受的範圍吧。

進入夢鄉

我很喜歡棉被。

說得精準一些，

是我「非常」喜歡

待在被窩裡頭。

結束疲勞的一天，

在夜晚時讓身體躺平；

度過空虛寂寞冷的一週，

在溫暖的床鋪上，

動也不動地度過一整天。

這是我最鍾愛的

療癒時間。

 # 鑽到棉被裡療癒身心

我活著，所以我思考

「人生是什麼呢？」

兒時經常從母親口中聽見這句話，只要她說了這句話，弟弟總會回嘴：

「媽媽不是大人嗎？怎麼連人生是什麼都不知道呢？」

弟弟這個天真爛漫的問題，成了我和妹妹取笑他的話題，但等到我也開始思索人生是什麼的時候，一時卻答不上來。

二十七歲，我試著回顧過往短暫又漫長的人生。那些為了符合中庸之道，為了過得有模有樣而勤奮不懈的瞬間歷歷在目，細密地描繪出自己強撐著的時光，只為了不讓自己倒下。

我開始好奇，人為什麼要活著呢？我想「是因為睜開了眼睛，而早晨又如此明亮。」不論前一天具有何種意義，都只是因為入睡後的我沒有從此不再甦醒，靈魂也沒有墜落到其他次元，所以才能繼續度日、延續人生。

我試著詢問其他人這個問題，一位朋友說：「是因為死不了。與其說是想活著，更多時候是因為死不了，所以才活著。」聽聞這些話之後，另一位朋友也發表了意見：「其實我們並沒有活著，而是正逐漸死去。即使在此時此刻，不知道還剩餘多少的壽命，也一點一滴地減少著。」

是因為死不了才活著，又或者每一刻都向死亡逐步靠近，我不禁心想：「原來我們對於人生的觀點是如此不同啊。」於是，我更好奇了。每天睜開眼睛，一如往常地生活，同時又正朝死亡靠近的我們，究竟該如何活著呢？

其實我們根本無能為力。雖然可以為了增加壽命、延長人生而妥善管理自己的健康，但健康的生活並不保證能長壽；不知往後還剩下多少時日，我試著想像白髮蒼蒼的自己躺在搖椅上閱讀的模樣。儘管我們所有人正一步步朝向死亡前進，死亡卻恍若遙不可及。

無論我怎麼思索，結論只有一個：終究，我只能忠於今日，忠於當下，尤其是我們無法預測生命何時會畫上句點，所以更應該如此。換句話說，正因為不知道能活到什麼時候，今日能做的，也就只有滿足於現在這一刻。

倘若此刻弟弟問我（雖然不太可能）：「姊，你知道人生是什麼嗎？」我會這麼回答：「**現在就去做不枉今日的事。如此度過今日，然後迎接明日的到來。**」

這，不就是人生嗎？

比「以後」更近一點

靜謐的週末清晨，自然而然地睜開了雙眼，
有別於平日，我醒來的時間相當早。
是因為沒有去上班嗎？
身心感到輕飄飄的。
我暗自盤算，要來享受久違的週末晨間時光，
於是喊了聲「嘿咻」，就從床鋪上爬起來。

刷牙與梳洗完畢之後，
我帶著神清氣爽的心情坐在書桌前。
「好，先來做什麼好呢？」
我一面思忖，一面翻閱我的「以後再做清單」。

製作奶油燉飯
沖泡濃郁的手沖咖啡
房間大掃除
整理化妝台
整理衣櫃
在氣氛佳的咖啡廳閱讀
到漢江拍照
抄寫羅卡[5]詩集

5 賈西亞・羅卡（一八九六～一九三六），西班牙詩人、劇作家。

構思專欄文章

……還真是無窮無盡。
不過，打算著手做些什麼的時候，
發現這些全是被延宕至「以後再做」的事情，
想要快速挑選出一項，並不是件容易的事。

總是如此，
比起具體的計畫，我更喜歡天馬行空地構思。
即使腦海中沒有浮現恰好吻合的時間與空間，
光是揮毫彩繪出一張宏圖，也能令我心滿意足。

學生時期每當暑假在即，
正值酷暑的學期尾聲，
置身於考試前的天旋地轉之中，

我總會先思考下一步。
大部分都是浮雲飄霧般的思緒，
它們在腦海中形成了軟綿雲朵，
等到需要有具體的下一步時，
便「砰——」地一聲消失無蹤。

「以後……」

開頭總是相同的，
話語裡蘊含著無限的可能性，始終充滿了希望，
就算沒有做到，也不會感到負擔。
以後要通宵看電影，
以後要整個週末玩線上遊戲，
以後要學習沖泡咖啡的方法，

以後要盡情啜飲香醇紅酒，
以後要減肥成功，穿上比基尼到度假勝地玩耍，
以後要獨自優雅地在高檔餐廳用餐，
以後要和家人去瑞士旅行，
以後
以後…
以後……

光是夢想「以後」，
就會感到無比滿足。
總有一天會去做吧？
總有一天會實現吧？
為了獲得成果應當付出的努力和費用被我視若無睹，
光憑想像，就感到幸福得不得了。

我與不知是何時的「以後」立下約定，
無止盡地增加願望清單。
一團又一團的朦朧構想，
不消多久，便從腦海中無聲無息地消散了。

假如一直往後延宕，
那個「以後」是否永遠都不會到來呢？
每思及此，不由得想起幾年前，
重複看了好多次的日劇《求婚大作戰》的一句話──
「拖延到明天是笨蛋才做的事。」

當頭棒喝。
我肯定是笨蛋之首吧，

因為我把想做的事情全都往後推遲了。
可是，我並不後悔，
只因我無法忽視延後本身所帶來的愉快與滿足。

儘管如此，我似乎還是得斟酌一下，
在時間點上，比「以後」更近一些的說法是什麼呢？
像是「趁早」，或者「這個週末」，
試著賦予時間更具體一點的定義吧。

我決定，

如果沒有明確「不去做」的理由，

那麼，就先「去做」。

我決定，

不用各種理由來拖延，

首先，開始做做看。

我決定，

要全然活在當下。

所以，今天……

我要去旅行。

#Carpe diem（及時行樂）

成為大人的過程

感覺好像又經歷了一次遲來的青春期。仔細端詳我的心靈，不就和徬徨的十多歲時相似嗎？

還以為只要進了大學、只要畢了業、只要找到工作，一切就此完結，沒想到卻有永無止盡的選擇和陌生的未來等待著我。

有些時候則是硬生生被拖到意想不到的全新出發線上，等到回過神來，只剩我獨自一人尚未出發，被遠遠地甩在後頭。

「是誰說的？究竟是誰說的？只要上了大學、找到工作，一切就結束了！」和好友們見面之後，也只會聊這類話題。

星期五的夜晚，打定主意要和好友們在江南[6]來個久違的暢飲。我們約好七點半見面，但我忙著將工作收尾，稍晚才出發，最後慌張地抵達約定地點。

好友們似乎聊著嚴肅的話題，我一邊整理被風吹得亂七八糟的髮絲，一邊詢問她們這麼認真在聊什麼，於是好友們接連發言。

「存錢的話題。」

「她啊，忙著還就學貸款，都沒辦法好好存錢。」

「什麼時候可以還完呢？」

「光靠這份薪水還久得很，但比起存錢，應該先還貸款吧？」

6 江南區位於韓國首爾，是重要的商業地區。類似台北的信義區。

面對朋友的詢問，雖然我回答：「當然，你已經做得很好了。」但怎麼樣也開心不起來。

另一位剛辭職的朋友則聊起了近況。

「最近我每天都為了辭掉工作而和爸媽吵架。」

「又不是打算玩一輩子，他們何必這樣呢？」

「就是說啊，我爸媽在我求職時也緊張得要命。如果你重新找工作，會不會好一點？」

在我們拚命地安慰之下，朋友好不容易才開口繼續說道：「問題出在我再也不想到公司上班了。我又沒有什麼特殊專長，經歷職場生活之後，我明白了一件事：無論如何，職場都不適合我。」

我什麼話都說不出口。我們變得無話可說，只顧著將下酒菜往嘴裡送。我狼吞虎嚥地吞下食物，隨便丟出一些覺得對朋友會有幫助的話語。

「你很會畫畫，Photoshop 也很強。啊，不是還得過獎嗎？嘗試從事這方面的工作如何？」

我試著細數朋友擅長及表現得很好的事情，幾乎將能想到的全都說出來，但似乎並不怎麼見效。

一位安靜不語的朋友以低沉的嗓音緩緩說道：「你們好歹還有工作，我一直在資料審核和面試過程中慘遭淘汰，彷彿生來就是讓人拒絕的命。」

「我不想工作，上班太累、太痛苦了。」我沒敢把這話說出口。擔心會從朋友口中聽到「你不是薪水比我高嗎？以前不是樂於工作嗎？」這類的話，因此感到退怯。

那一天，無論多少杯黃湯下肚，都沒有帶來絲毫醉意。雖然巴不得能夠穿破阻擋在我們眼前的牆面，但那只會更深刻地體認到所有人面臨的窘境，以及奮力掙扎也無法輕易擺脫的現實。

回到家之後，不但難以入眠，更因為逐步靠近的煩惱太過鮮明清晰，就連飄浮在身體裡的倦意，也被一口吞噬了。

這個社會先是告訴我們只要認真唸書，一切就會解決，將我們打造成讀書機器；上大學之後，又要我們培養專屬的個性與特長。可是，當我們想做點什麼的時候，卻說如果是毫無規劃的休學或延畢，會不利於求職，所以一味地催促我們畢業，並趁著還是大學生時趕緊找工作。

要是不能教我找到自己的方法，好歹也給我一點時間吧！

也許有人會說：「所以大學階段就該尋找啊，時間都拿去做什麼了？」

我贊成啊，要不然我怎麼會成日打工，把睡眠時間用來寫作業、讀書、實習，然後還參加校外活動呢？

到底還得再做多少事？應該創業或去國外實習嗎？難道是因為我不像《哈

利波特》中的妙麗那樣，把一天當成四十八個小時使用嗎？那麼，至少也給我一個能夠操控時間的道具嘛。

「其他人也是這麼過來的，不是只有你才這樣，就別再挑三揀四了，這就是成為大人的過程。」

我真想把說出這種話的人，從我的人生中剔除掉。

沒有答案，無論如何都沒有。是不是隨著時光流逝，我們就能否極泰來呢？沒有人敢拍胸脯擔保。

儘管如此，一切都會順遂的，終究會時來運轉。

我只能靠著無止盡的正面積極來收尾，因為除此之外，別無他法了，我是說真的。

手中握著一罐冰透的啤酒，

登上了頂樓。

在涼風的吹拂之下，鼻尖感到一陣冰涼。

我不經意地抬頭仰望，發現滿天星斗，

它們爭先恐後地閃爍，

在我眼前忽明、忽滅。

在深沉的夜裡，

我蓋上一床星辰棉被，

不知不覺地睡著了。

 # 在那片夜空之下

戀愛

就像是早餐

有好幾年的時間，我都沒有吃早餐的習慣。上國中時，因為和奶奶同住，才開始吃起早餐。奶奶一大早便會起床準備，看著已經備好的飯菜，我實在無法拒絕，雖然我並不想吃，但是在奶奶的鼓吹之下，只好束手就擒。

只要有吃早餐的那天，我必定會腹瀉。消化不良、拉肚子等等，一整天胃腸都會不舒服。硬逼自己吃了三、四次早餐之後，我領悟了一件事：我沒有消化早餐的能力。

之後，我告訴奶奶不必費心替我準備飯菜了。她固執地堅持一定要吃早餐，追問我為什麼不吃，還好最後我順利地全身而退，終於不用再硬吞了。

一睜開眼睛就進食，對我來說是件苦差事。儘管我是個熱愛食物的貪吃鬼，但不習慣一大早就吃東西，而且也沒有必要去習慣。

不知為何，小時候學校都會做例行調查，詢問學生：「有吃早餐的人舉手。」為什麼要調查這種事呢？有人可能沒時間準備，也有人是不想吃早餐，每個人的情況都不同啊。

「沒吃早餐的人舉手。」如果這時猛然舉手的話，就必須聽老師訓話了，好比「要吃早餐，腦袋才能靈活運轉，學習效果才會好」、「在發育期間，早餐是很重要的」之類的話。

「我只要吃早餐就會消化不良，吃飽之後，更無法專心讀書。空腹時讀書，效果才會好。大家不是吃完午餐之後就想睡覺，所以下午第一堂課才會頻頻打瞌睡嗎？」

我竭力地抑制想說這些話的衝動，把老師的話當成耳邊風。對於某人來說，想必早餐是寶貴的能量來源吧，但至少對我來說並不是這樣。

長大成人之後，朋友聽到我依然不吃早餐，於是試探性地問我：「那你也不吃飯店的早餐嗎？」

「那個我會吃，因為很貴啊，當然要吃，為什麼不吃？」

這只是個藉口，其實不單純是因為昂貴。嚴格來說，飯店提供早餐的時段和一般吃早餐的時間就不同。前者可以舒服地睡到自然醒，再以從容不迫的心情享用，而後者則是在清晨六點到七點之間，勉強睜開惺忪的睡眼，當所有知覺都還在沉睡時，就把飯菜塞進嘴巴裡。

聽到我如此厚顏的回答之後，朋友瞪了我一眼，不過我也無可奈何啊。

對我而言，如果說有什麼東西和早餐相同，那想必是戀愛了。一旦勉強自己談戀愛的話，只會感到渾身不對勁。

從小時候開始，我就對「女人應該和深愛自己的男人交往」這句話百思不得其解。

「這句話到底想表達什麼？我喜歡的人也喜歡我，彼此互相喜歡才叫做真正的戀愛啊。難道我自己不怎麼喜歡，卻只因為對方喜歡我，就必須和他交往？」

「女人要被愛才會幸福。」每次聽到這種胡言亂語，我總會果斷地吐出：「我喜歡和自己喜歡的人交往。」

愛情必須是雙向的，才有意義啊！如果只有一方得到愛，怎麼會幸福呢？依照這個邏輯，對方也會想選擇當被愛的一方，何必費心付出呢？難道就為了一份不知能獲得多少的愛，而談一場自己無心於此的戀愛嗎？無論怎麼想，我都覺得這是莫名其妙的狡辯。

小時候曾夢想過一見鍾情，也曾憧憬如命運般邂逅的我，一直以來都是選擇和喜歡的人談戀愛。儘管因此有多次僅止於單戀的經驗，但這也是沒辦法的事。

就在我認為能按照自己的想法來主導戀愛這回事時，恰好認識了一位朋友，彼此才熟稔沒多久，這位朋友就經常嚷著要介紹身邊的男性給我。

起初，我認為對方交友廣闊，而且可能覺得我的條件不錯才想幫忙介紹，但是他卻隨便將完全不合適的人介紹給我。甚至有好幾次，我明明是去和那位朋友見面，卻有陌生男子也在場。之後，我便開始對他的提議改觀了。

我相當慎重地拒絕那位朋友，搖手表示自己會覺得不自在，對方卻不懂得適可而止。我的心情就像是學生時期被強迫吃下早餐一樣，考慮到朋友也是為我著想，便無法強硬地拒絕，不過當時我真的很想逃得遠遠的。

在朋友牽線之下，我和其他科系的學長會傳訊息互相聯絡，但實在太痛苦了。畢竟是朋友認識的人，讓我無法斷然拒絕，若只想自在地和對方當朋友，人家似乎又沒那個意思。之後，我開始迴避那位朋友的邀約。

如果是雙方心意相通，猶如飯店早餐般能從容享用的戀愛，我自然不會推辭；而像是強迫自己吃下早餐般的戀愛，我一點也不想談。

「不談戀愛的人舉手！」就算有人如此詢問，並朝著馬上舉手的我訓斥一頓，說什麼「女人就應該被愛」、「要趁年輕時談戀愛，才不會在婚姻市場上落後」之類的話，我也不在乎。

不然要我怎麼辦？我就是不想啊！

「關係」的體感溫度

五月暮春的某一天，
溫熱的微風拂過鼻梁之際，
「好溫暖啊。」同事如此說道。
而我卻說：「這麼快就變熱啦。」
驀然吹起冷冽寒風的十一月某日，
「好冷喔。」同事如此說道。
而我卻說：「涼爽得剛剛好呢。」

從天氣預報得知的溫度明明相同，
但根據每個人的感受不同，溫度便有了差別。
人際關係恰恰是如此，
雖然彼此付出了相同的情感，
體感溫度卻各自迥異。

小時候，我無法立即理解這種溫度差異。
當對方的溫度不如我熾熱，心就很容易冷卻。
好一陣子後，當對方開始加溫時，
我的心早已徹底冰涼。
反過來看，也是相同的情況，
等到我隨著對方的溫度變得滾燙時，
對方早已降溫，就如同過往的我那樣。

熾熱或冰冷，從來都是兩者之一，
沒有所謂的微溫，
在一段關係之中，總是如此。

有一天我打開水龍頭，正準備沐浴時，
嘩啦——
冰冷的水迎頭澆下，
我一邊大叫、一邊將水龍頭轉向左側，
蒸氣瀰漫的熱水隨即灑了下來。
因為這突如其來的熱氣，
我不停地揉搓身體，左右調整水龍頭的方向。
稍微往右一點太冷，
稍微往左一點太燙，
最後，終於找到比我的體溫略高的水溫，

順利地將頭髮洗淨，也沐浴了全身。

我一面沖洗掉洗髮精，一面思索著關係的微調。
過去，我只一心等待，
或者慫恿對方變得和我一樣，
曾經有過為了互相配合，
而向左或向右調整自己的心嗎？

不僅是男朋友，連對待朋友和家人也是如此。
我總因為對方不明白我的心，
沒能愛得和我一樣多而急於失望。

對於溫柔待我的人，
反倒以冰冷的態度相待，

從來就沒有溫熱的時候。
終究，不可能會相同的。
不管是人心、深度，抑或是溫度。
為了尋找到些微溫熱，
那是比某個溫度稍稍暖和一些，
或者涼爽一點點的溫度，
似乎都需要十足的耐心，慢慢地微調。

蒐集

兒時的幸福

是因為在尚未感到渴望之前，就太過輕易地擁有嗎？光是看著它，內心便覺得無比豐足。第一次握在手中的喜悅仍歷歷在目，以至於花上了極為長久的時間，才能下定決心丟棄它。

不過現在的我，手上並沒有能帶來這般感受的物品。

我在兒時有無數的玩具陪伴，其中種類最多的就是扮家家酒組合。還記得媽媽第一次買給我的扮家家酒組合，在兒童節和聖誕節之後，又多了茶壺組和迷你廚房，再加上表姊傳承給我的物品，我的扮家家酒玩具持續增加，彷彿沒有盡頭似的。數量甚至多到足以塞滿一個能裝下五、六歲小孩的箱子，現在回想起來也覺得十分可觀。

通常一旦有了新玩具，原來的玩具就會被取代，我認為這只是理論上的說法，我很早就識得蒐集的樂趣。即使是歷史悠久、沾滿手垢的玩具，只要我一接收，就會當成寶貝似地保留下來，沒有任何一個會被弄丟或扔掉。

我玩扮家家酒的方式相當獨特。我會將箱子翻倒，讓玩具撒落一地，再仔細分門別類，堆放在房間地板上。充分欣賞完按規則擺好的碗盤、杯子、叉子等等，到了夜晚再將它們放回箱子裡，這時遊戲才結束。

有很長的一段時間，我珍藏著這些褪色後顯得髒兮兮的玩具。儘管我的年紀已經大到不適合再玩扮家家酒了，偶爾仍會取出玩具，將它們翻倒在房間地板上，邊整理邊欣賞把玩著。扮家家酒這件事本身，就是我能夠獨自全然享受的「樂趣」。

穿上高中校服之後，我開始蒐集其他物品。高一時，我最要好的死黨曾是「東方神起」的忠實粉絲，她會收藏數張一模一樣的專輯，將高畫質的海報儲存於PMP[7]內，或者將它設定為螢幕桌面。

我也喜歡東方神起，但喜歡的程度大概只到會收看他們參加的音樂節目或綜藝節目，或者買雜誌時多拿一張人物海報之類的。

有一天，朋友說：「今天有新的MV播出，你看了嗎？」

她雀躍地給我看了影片，那是我第一次見到東方神起用日語唱歌的模樣。在那之後，我便踏入全新的蒐集世界——開始蒐集東方神起的日本專輯。

---

7 即Portable media player，可攜式媒體播放器。

當時的日本單曲專輯似乎都只會發表一、兩首曲子，所以經常有新專輯發行。只要到了發行日，我一出校門後，就會衝向教保文庫[8]內的HOTTRACKS唱片行。雖然家中有CD Player，但我會將歌曲存入MP3 Player或手機裡播放。

當然不是為了聽音樂才購買專輯。久久一次，我會將手洗得超級乾淨，接著小心翼翼地取出CD，一邊看著專輯裡附上的歌詞本，一邊播放CD。光是這樣便已足夠。然後，我會再次將它們收好珍藏。不，其實光是在就寢前看一眼專輯封面，就足以令我感到無比滿足。

雖然現在我可以用自己掙來的錢購買牛仔褲、書籍、紅茶和袖珍茶壺組，但那滋味與過往記憶中的蒐集嗜好截然不同。

倘若歷經長久的等待與持續不斷的努力，才擁有兒時難以獲得的物品，我是否會每天小心翼翼地取出鑑賞，並覺得幸福洋溢呢？

如果擁有全色系的Max Mara大衣或Range Rover休旅車，我是否會每晚高興得睡不著覺呢？

我的幸福已逐漸被更昂貴的物品所取代了嗎？

為了獲得更多的滿足感而永無止盡地消費，這種作法是正確的嗎？

接近極繁主義（Maximalism）風格的我，竟然沒有能讓自己樂在其中的蒐集品嗎？

我的日常生活像是失去了小小的樂趣，一想到這裡，不由得心生恐懼。彷彿貼在天花板上的夜光星星全部墜落似的，那夜晚熄燈後才能感受到的一丁點喜悅，也驟然消失了。

8 韓國大型連鎖書店。

入睡之前沒有能翻箱倒櫃拿出來欣賞的物品，原來內心會如此空虛啊。這是當初丟掉那些物品時所料想不到的。驀然之間，我不禁懷念起兒時曾握在手中，卻在某個時刻被丟棄的物品。

人生的關鍵字

只要到了年末，預期來年流行的潮流、色系、時尚風格等資訊，就會透過各種媒體鋪天蓋地而來。究竟是真的準確預測，或是藉由發表而蔚為流行，抑或兩者皆是？儘管無從得知，但我們確實在被決定好的關鍵字中度過了一年。

也許，我們會購買由Pantone選定的「紫外光Ultra Violet」代表色產品，並根據《二〇二〇年韓國趨勢》分析的當年消費動向而打開錢包，花錢尋找微小卻踏實的幸福。

既然如此，還不如親自選定影響個人一整年的專屬潮流和關鍵字吧。往後若是將它們彙整起來，不就能成為回顧自己過往追求何種價值的絕佳工具了嗎？

所以，今年我也選定了人生的關鍵字。這與每年訂立之後化為泡沫的新年計畫不同，不僅可以成為往後一年的目標或方向，也能成為造就個人價值觀的總和。

經過約莫三天的思索，我所選擇的關鍵字為：

1. **輕度的滿足感**
2. **接受嗎？嗯，接受。**
3. **少進少出**

「輕度的滿足感」正如字面所示，就是追求日常生活中的小小滿足，也蘊含著不為了追求高層次滿足而逼迫或折磨自己。

接受嗎？
少進少出
輕度的滿足感
1次30元

例如，在沐浴之後喝一罐沁涼的啤酒，在暖和的棉被中多磨蹭半小時，抑或是深夜裡煮碗泡麵大快朵頤，然後滿足地拍拍肚皮之類的小幸福。我希望能不帶一絲一毫的罪惡感，在微不足道的日常生活中獲得輕度的滿足感。

「接受嗎？嗯，接受。」是指坦然接納自己的模樣，不刻意增添或刪減什麼。就算沒有洗澡，在家中滾來滾去，忌妒或討厭某人，或者為了一點小事而心情大起大落，也要敞開胸懷，全然接納個人擁有的特質。

我曾經否定自己，執著於追求積極上進的面貌，到頭來卻將一切悉數拋下，整個人變得無精打采。在經驗中獲取教訓之後，於是我做了這個決定。不管做了什麼，那都是我，即使顯得沒出息也沒有辦法，畢竟那就是我。

「少進少出」指的是少量攝取、少量消化。除了有必要少吃一些食物，也包含在生活中不要有過多貪欲的意思。另外，這個詞也具有雙重含義，代表適量進食、適量消化[9]，即只攝取自己確實能夠消化的東西和分量，並接納這件事。

選定個人專屬的關鍵字之後，雖然不免覺得自己很沒出息，心裡想著：「怎麼連這種事都變成關鍵字啊！」

另一方面卻又懷抱期待，光是能將即將到來的一年託付給這三個關鍵字，就足以令人感到幸福——不，即使不到幸福的程度，似乎也能度過心滿意足的一年。

我下定決心，往後也要選出每年的關鍵字。有別於新聞中提及的潮流和關鍵字，我決定要持續累積個人專屬的關鍵字。如果哪一天能讓它們聚沙成塔，也許就可以用更客觀的角度看待自己呢。

9 韓文中「少」與「適量」兩個詞拼法的首字相同，因此縮寫也相同，所以「少量攝取」也可解讀為「適量攝取」。

如果能活五百年

偶爾，我會這麼想。

倘若能回到過去，可以改變什麼呢？

未來的我，會是哪種模樣？

如果能夠活五百年，我會擁有什麼樣的人生？

我開始好奇，朋友們是怎麼想的呢？

「如果可以回到過去，你想改變什麼？」

我希望能夠回到國中，一定要非常認真地學英文，
那麼，未來就會截然不同吧？

早知道，我就應該更積極地結交朋友，
真的好羨慕有老朋友的人。

我想要無拘無束地玩樂。
別只顧著讀書，凡事都嘗試看看，
認真做每一件事，也認真玩樂。

可以回到更久以前的時光嗎？
那麼，我會選擇不要誕生於世上。
因為……活著不是很辛苦嗎？

「如果可以前往未來，你想變成怎樣呢？」

我希望，一睜開睛便已經就職了。
此時的努力能夠開花結果，
未來得以做著自己想做的事情。

我只想過穩定的生活，
能夠找到工作、賺到錢，
不必像現在一樣東愁西愁。

我希望能得幸福，不管做什麼都好，
只要處於幸福的狀態，
似乎未來也就可以感到充實滿足。
那表示我用心地生活，所以才能享受幸福的人生。

「如果能活五百年，你想做什麼呢？」

我想四處遷徙，住在各個城市裡，
在風情各異之地，體驗各種人生。

我想活得和現在一模一樣，
不想搬到其他地方，想長久地住在自己家。

趁年輕力壯時，賺取大把的財富，再努力讓錢翻倍，
有兩百年的時間，都只需要翹腳花錢。

我想遇見很多的人。
朋友也好、戀人也罷，總之遇見很多、很多人。

要是能活上五百年，這件事應該會水到渠成吧？
也許這是很沒營養的提問，
不過為了回答這簡單的問題，
的確需要再三思考。
我們帶著比任何人都真摯的表情，傾聽彼此的答案。

在所有的回答之中，
包含了我們的價值觀與人生觀。
當然也有朋友答不出來，
害怕若是回到過去，做出其他選擇，
未來就會有所改變；
擔憂即將遇見的模樣，會無法達到自己的期望；
光是想到人生會長達五百年之久，便難免感到力不從心。
我們聆聽彼此的言語，各自說了句畫蛇添足的話。

滴答、
滴答
PAST
PRESENT

「那件事現在也可以做啊。」
「說不定現在可能還好一點吧？」
「就算回到那時，似乎也不會有所改變。」
「如果能跨越到未來，好像會很空虛呢。」

接著，我們下了一個結論。
那就是——
此時，我們活在現在。

對於昔日的悔悟，
對於未來的擔憂，
都無法對活在現在的我們，造成太大的影響。
因此，把自己當成能活五百年的人，
用這樣的心態過活吧！

別被人生追趕著，
最後遺失自己的價值觀與人生觀。
與其安慰「為過去感到後悔、
並對不可知未來而憂心忡忡」的自己，
我更想對「正在竭力戰勝這些事、此刻昂首闊步」的我，
如此訴說：
「你，活在當下，
你，真的過得很好。」

PART 2

人生，愛著也恨著

我想說，那些並不是我。

過去深藏已久的情感全都甦醒，

在心口上揚起波濤。

我隱約地感受到，

唯有情感乾涸，再也沒有任何起伏時，

我的啜泣才會止息。

所以，

我誠實地面對了自己。

燜飯vs.拖延

在開始準備考試之前，我會先打掃房間。
下定決心要減重的那天，就吃到肚子炸開為止。
入睡之前，先在YouTube上觀賞Miniature Cooking[10]的影片。
走出家門之前，戴上耳機，播放符合當天心情的曲子。

我偏好在開始做某件事之前，先「燜」一段時間。猶如跳入冰冷的水中前，先做好暖身的游泳選手般，將身心都預熱好，整頓自己的狀態。這是我個人專屬的一道儀式。

不過，問題就出在我燜太久了，有時會發生米飯一下子全燒焦的情況。學生應該要盡量早一分一秒準備考試，我卻跑去整理房間，結果還沒開始唸書，體力就全數耗盡。這樣的事情發生過太多次，甚至令人覺得可笑。我也曾在減重之前暴飲暴食，導致隔天鬧肚子，直接省略了運動這件事。明明睏到不行，卻為了看影片而整晚熬夜，錯過能睡覺的時間。出門前為了找到喜歡的曲子，動作拖拖拉拉，最後和地鐵失之交臂，這樣的事情更是常見。

之所以下定決心要改掉我這個奇怪的習慣，是因為發生過太多次把米飯煮焦的情況；別說美味可口的米飯了，根本整鍋徹底焦黑，就連鍋巴都稱不上。

我就像是非得伸手觸碰到滾燙的熱水，才會一邊大喊著「啊！好燙！」一邊小心留意，總要再三經歷蠢事之後，才會決定改變自己。

10 以食材製作出等比例縮小的模型，再用迷你廚房道具來烹調食物。

一旦打定主意做什麼事，就立刻付諸行動，別暖身了！

因此，就算要唸書的那天，房間再凌亂不堪，我也會以超脫一切的姿態，坐在書桌前翻開書本。下定決心減重的日子，則是不做任何準備，立刻跑去運動。倦意襲來的時候，就將棉被蓋住整顆頭後趕緊睡覺。不在家門前挑選上班途中想聽的曲子，而是搭上地鐵後再選。我開始逐一改掉拖延的習慣。

原本必須做一連串如意識般自然的行為，我的內心才會覺得舒坦，但其實什麼都不做，才真正有助於我。只是迎接微不足道的日常罷了，根本不需要華麗繁複的暖身運動。

我決心不再做無謂的事了。不單只是針對各種行動，而是整個人生。

即使目不轉睛地盯著書本看，像是讀教科書《數學的公式》時，只抓著集合概念不放，分數當然不會提升。不管再怎麼困難，此後我都要單刀直入地切進正題。

燜飯

在江南上班

在江南上班。
你可能會想：「那又怎麼樣？」
對我來說卻意義不凡，我試著將它寫成完整的句子。
「我在江南上班。」

起初，我下定決心要二度重考，
然後，搞砸考試而流著淚進大學，
一邊扳著手指，一邊計算人生，

那些時候我心想：
等我畢業至少也二十五歲了，
要去哪兒工作好呢？
不，我找得到工作嗎？
像我這種人，絕對進不了什麼好公司。
在我年幼的心靈與狹隘的視野中，
只看得見名校與大企業，
所以才會有這種井底之蛙的想法。

每當因為約會或校外活動的聚會，
而要拜訪那些位於繁華鬧區的水泥森林時，
我總會羨慕那些脖子上掛有員工證的上班族。
彷彿他們才是時代的菁英，
是揀選後被挑上的人。
每當看到印有大企業標誌的員工證，

忍不住欣羨的同時，挫折感也緊接而來。
要是我能成為其中一員就好了。
家人會很高興吧？
也能藉此補償過去的失敗吧？
雖然職場生活競爭會很激烈，
但似乎比看不到未來而拚命掙扎來得好。
大學生還要花錢才能上學，
上班族卻是一邊上班、一邊賺錢啊！
拜託，只要能讓我進大公司忙碌地過活，
那麼，我便別無所求。

二十六歲，我如願地「在江南上班」了。
剛進公司時，連呼吸空氣都感到清新愉快。
工作內容很有趣，和同事們也很合拍。

每一天都過得相當充實，
我對自己感到驕傲，
對人生充滿了感謝之情。

很快地，一切都成了殘酷的現實。
賺錢，果然不是一件容易的事。
過不了多久，只要一上班，
腦海中就會浮現下班的念頭，
脊椎痠痛、腸炎，甚至還會沒來由的頭痛。
儘管如此，目前還勉強過得去。
畢竟是第一份工作，所以無從比較。
就像吃了甜點之後，還想吃鹹食，
滿足與不滿足也同樣反覆來回，
每天過著和其他上班族差不多的日子。

「可以如此安於現狀嗎？」

一想到這裡，難免覺得喘不過氣來，
另一方面，自己似乎步上了所謂的「正常軌道」，
又為此而感到安心。
也許哪一天，我會為了找到其他夢想而繞道，
或是認為這條路不適合我，
乾脆來個大迴轉。
只是，江南的水泥森林，
似乎是我人生唯一沒有偏離正軌的部分。
它給了我莫名的安心感，
卻又清楚地映照出我安於現實的模樣。
此時的我，過得還好嗎？
針對這個提問，我只能含糊其辭地答覆，
至少到目前為止，
在水泥森林之間看到的天空尚且蔚藍。

我放鬆全身，慵懶地觀賞天空，

接著猛然起身，駐足於窗戶前，

拉開紗窗，將手臂伸出窗外，

用雙手盛滿了整片天。

近來，總為稍縱即逝的瞬間感到惋惜。

 # 休息一拍再出發

失眠的結局

怎麼樣也睡不著，我的心裡開始焦躁。

「得快點睡才行啊！」是因為有這種想法，所以更加無法入睡嗎？我決定不再思考任何事，房間內唯有時鐘秒針轉動的聲音，但就連我感覺到時間正費力流逝的那一刻，依然睡不著覺。

失眠的夜晚總是如此。漫長而幽暗的夜晚，宛如輕盈的一陣風，我只是甩了甩頭，它便消逝得無影無蹤。不管是早點上床睡覺，或刻意在不得不就寢的深夜鑽入棉被裡，依然只能束手無策。

當身體充分感到疲累，睡意就會油然而生嗎？我躺臥在漆黑的房間裡，持續抬腿、做著體操運動，卻絲毫不見效果。似乎反倒因為動來動去，精神更加振奮了。

聽說只要遮住雙眼，很快就能入睡，所以我找出眼罩，姑且一試。但一意識到纏繞在雙耳上的塑膠繩，神經立即繃緊了起來，覺得生疏且不習慣。我脫下眼罩，洩氣地將它扔到一旁。

驀然，我想起了能培養睡意的呼吸法。方法很簡單，先深深地吸口氣，接著忍住，最後再緩緩地吐出來。我數次嘗試調整呼吸，期盼著能不知不覺地安然入睡，希望眼皮再次睜開時，已迎來明亮的早晨。嘗試了不下十五次，仍舊沒有幫助。

不得不通宵達旦地醒著時，睡意就宛如波濤般襲來，難以掙脫；但想好好睡一覺的時候，為什麼卻一直無法入睡呢？

內心無端地冒出了火氣，就算現在睡著，也只能睡上四小時啊。一想到明天的行程，便不免覺得膽顫心驚，以徹夜不眠的翌日開啟新的一週，真是令人絕望。

「我必須趕快睡著。」

儘管內心吶喊了好多次，但我的身體似乎不打算傾聽這懇切的期望。

乾脆吃點東西好了，肚子一飽，是不是就會想睡覺呢？我摸索著走向漆黑的廚房，打開了冰箱門，冰箱內的橘黃光線乍現，頓時覺得有些刺眼，但我並沒有特別想吃什麼，只是讓空氣中徒增翻動冰箱的聲音，接著又關上了門。要不喝杯熱茶好了，我拿起玻璃杯，很快又打消念頭放回原位。最後，我再度躺回床上，看來我只能想辦法睡著了。

清醒的時間過長，就會開始胡思亂想，就連平常沒有太大意義的事件，也會接二連三地冒出來。大部分都是令人深感挫折，或者特別痛苦的事，這些事若是過段時間，於某日猛然想起，大概會覺得根本無足掛齒。不過，發生在凌晨感受則不同，凌晨時分是不具任何慈悲的。

有時，我會因為突然找上門的記憶而盛怒難抑，繼而痛哭失聲；有時，我會失去所有鬥志，唯獨懦弱被留下，全身感到委靡無力。我不知該如何忽略那些突然冒出的想法，即使捱過了無數個不眠之夜，依然感到迷惘。就像是在接受夜晚的審判，腦海中不住地描繪想遺忘的事情，或是曾經受到傷害的事情。

「這個時間果然不該清醒著。」

於是，結論永遠只有一個，就是再次為了入睡而努力；為了即將明亮的明日——不，為了已成為今日的午前時光。

窗外淡藍天光四射，東方已露出魚肚白。我整夜都沒闔眼，卻已經來到了早上。直到天空徹底明朗，我才闔上雙眼，這時總算睡著了。

緊揪著我的腳踝不放的昨日，似乎已經跟隨凌晨的腳步，在不知不覺中消逝於遠方了。

我製作了一個專屬的「激勵盒」，

將拉丁俗諺、名言佳句，

以及對自己的稱讚放進裡面，

從中取出對自己有益的話語，

而不是唉聲嘆氣地喊著「我好累」。

「我應有的，均已持有。」

Omnia mea mecum porto（拉丁原文）

「好好度過今日吧，因為這天將不復返。」

Fac Hodie: fugit haec non reditura dies（拉丁原文）

儘管不曉得自己為何製作激勵盒，

可是，盒中的簡短字句，

卻意外地形成了莫大的力量。

所以，我決定了，

往後不管是面對自己，

或是在他人面前，

都不再悲情地喊著「我好累」，

而是說些話語來激勵自己。

 # 我專屬的祕密寶盒

書寫自己

寫文章是件麻煩的差事，其中「讀後感」和「日記」最讓我討厭。撰寫讀後感時，我只會想寫「沒什麼感覺」，在日記本上則想留下一句「糊里糊塗地就過了」。

明明就沒有想寫的話，為什麼要強迫我寫呢？雖然基於義務，我很認真地寫了作業，但過程實在太痛苦了。即使光陰似箭，如今已超過十年的歲月，我仍記得當時鬱憤不平的情緒。

我曾經認為，所謂的文章，不過是某人表象的產物罷了。真正想寫下來的心緒，才不會以文章這種形式呈現。而且，原本我就不怎麼喜歡閱讀文章；其實應該說，我對他人的故事不怎麼感興趣。

國一時，追趕流行的朋友們開始使用部落格。他們替自己取了暱稱，打造出專屬的空間，享受隨心書寫文章的樂趣。

我也跟隨朋友們的腳步，慌慌張張地架設了部落格。一從學校放學回家，就把書包丟到一旁，按下電腦的電源，連校服都還來不及換下，就這樣在部落格上寫起學校裡發生的事情。像是換座位後感到不順、死黨被班導罵了一頓、和媽媽吵架後覺得傷心……，我在極為公開卻又私密的空間裡，寫下一篇篇的文章。而書寫文章，也自然變成了我的日常。

當時，我想寫好玩有趣的文章，那是能夠令未來的我捧腹大笑的文章。不過老實說，不管當時我寫的是哪種文章，現在看了都只會覺得好笑。

我想呈現出幽默風趣的自己，畢竟部落格上的文章是寫給他人看的。

然而，我的生活與想書寫的文章之中，一定有相互違背的地方。輕薄的成績單是世界上最沉重的包袱，而看似良好的人際關係，只要我一伸手觸碰，就會立即消失無蹤。雖然我在學校是個無比活潑的學生，獨處時卻猶如一片深海般沉靜。在我領悟到無法書寫出想寫的文章之後，便關閉了部落格。

我總是想很多，卻只顧著想，成天埋首於某些事情，腦袋充滿了未完成的語句。我在如線團般纏繞的想法中尋找起點與終點，在句子間跳來躍去。

高中時，我一邊托著下巴，一邊上著乏味的課程，然後下定了決心——

「我要將腦袋中凌亂散落的生活片段寫成文章。」

當時，我希望能藉由文章整理自己，儘管開始著手寫作是在更久以後的事了。

成為大學生後，我開始尋找並蒐集創作題材。然而，我所蒐集的片段太過殘忍狠毒，甚至會在某一瞬間刺傷我。表面所顯露出來的模樣及獨處時的我，其實和國中時期並無二致。我再度領悟到無法書寫自己「想寫」的文章，於是決定書寫我「能夠」寫的文章。

全然地感受自己此時的情感，試著數度細嚼那份情感，這是寫文章之前的首要步驟。

接著，有時我會沿著情感的脈絡而走近根源。取出深埋的情感與陳年的記憶，是一件不太愉快的事。在思索靈感時所浮現的記憶，會讓我足足有好幾天睡不好覺。

我被對自己的埋怨緊抓著不放，只能靠字句紓解這些情感，用字句來表現揪住腳踝、如泥濘般的記憶，以及在腦海中抓撓的脆弱情感。本以為是如此，卻沒料到記憶與情感化為文章之後，反而會映照出自我。

我內心不住地徬徨。一天有無數次會試圖從「我」、我書寫的「文章」切入，在自己的所有文章中尋找意義。

「我寫了什麼？」

「為何要寫這種文章？」

即使是顯然有用意的文章，也遍尋不著隱藏其中的意義。無法伸手觸碰的創作題材，猶如待洗衣物般愈疊愈高，不管是花在寫文章的物理時間，或是心靈的餘裕都不復以往。

連寫了文章的事實都徹底忘卻，度過這般長久的歲月後，某一天，我再度掌控了在人生的留白空間中，層層堆疊的創作題材。

為了再次匯聚長期流逝的無數情感、記憶，以及扎手的生活片段，我決定與其刻意創造意義，不如書寫單憑存在本身就具有價值的文章。那可以是有趣好玩的文章，也可以是摸索記憶盡頭後所寫下的文章，當然也可能兩者皆非。不管是哪一種題材，都是出自於我，所以都不打緊的。

在我寫下的字裡行間，均有自己的存在。為了成為我自己，成為全然的我……一直以來，我都靠寫作來理解自身。

而如今，我又再度書寫自己。

曾經，我趴在房間地板上，

緊緊握住鉛筆，一筆一畫寫下日記。

如果不小心寫錯字，就按住橡皮擦努力擦掉。

如今，雖然鍵盤比鉛筆還親暱，

比起書寫什麼，刪除文字更加容易，

但往後，我仍會記錄自己的每一天，

用文章將那無法抹除的時光，

牢牢地銘記在心。

寫日記

對「關係」的執念

倘若有人回憶起高中時期的我，會不會覺得我是個「交遊廣闊的同學」呢？當時的我很喜歡和各種人建立關係，在人群之中，顯然是個「外向」的角色。可是，一切的努力猶如想把沙粒握在掌心般徒勞無功，當時自我懷疑的感受經常襲來。

高二上體育課的時候，偶然聽見幾位朋友在閒聊。

「她太八面玲瓏了，令人討厭。」

「感覺不會和我們有太深入的往來。」

受到打擊的我心想，我的行為真的如此不誠懇嗎？

高三這段時期，讀書室可說比朋友更親近，煩惱則猶如要解開的題庫一般多。每當有煩惱時，一位朋友就會跑來讀書室向我傾訴。

某日，因為心情鬱悶，所以我跑去那位朋友常去的讀書室，而朋友只是說著：「我現在要讀書。」

我將在便利商店買來的飲料交給她之後，就回到我平常去的讀書室。當時心有所感：所謂的朋友，原來都只是浮雲啊。

二十歲時，我換了手機號碼，有生以來首次整理了自己的人際關係。在品嘗到自我懷疑的滋味之後，面對關係時我變得冷靜而果斷。一旦需要整理關係，便會毫不留情地斬斷它，不對已然離去的緣分有絲毫惋惜。我自嘲著，人生本來就是孤獨的。為了不令自己受傷，因此也不會想傷害他人。

將人際關係大掃除之後，我所感受到的苦澀滋味並未就此消逝；不是將自己受到的傷害加諸在別人身上，事情就會好轉。在某一刻，身邊好像沒有能吐露真心、隨時皆可聯絡的「真正的」朋友。

執著於「關係」會令人感到痛苦，但少了執念也同樣如此。

另外，我制定了面對關係的原則。為了往後不要受到傷害，也不造成他人的傷害，我決定不對人賦予太多的意義。

「永遠都別改變吧。」

「我就只有你了。」

我決定不輕率地說出像這樣的話語，深怕這是強迫對方接受連我自己都難以遵守的約定，變相要求對方傾注與我同等的情感，又或者更多。

我決定要「減輕」關係所超出的重量，以更多的真心待人。倘若自己都做不到，卻只是一味要求對方，那不是太過貪心了嗎？

沒有必要事先替關係劃定範圍，如果我的真心讓人感到負擔，對方自然就會疏遠我，若是懂得這份真心，就會敞開心房，與我建立更深入的關係。

既然率先展現了真心，那麼也該有所割捨。當他人利用我的真心，僅僅在需要時才找我，從未盡心對待，或將我的好意視為理所當然，這時就要懂得果敢地斬斷關係。

沒有必要維持一段痛苦而折磨自己的關係，沒有理由為了那種人受傷，或為此大發脾氣。也許，反倒應該為了對方是個不懂得以真心回報的愚昧之人，而替他感到不幸才是。

我決定感謝那些能夠寬厚地理解我、包容我不足之處的人，感謝他們依然在身旁守護著我，感謝他們成為我信任並深愛的人，並且陪伴在我左右。

我經常把人際關係所引發的怒氣發洩在家人身上，只因家人比任何人都更親近，才會不由分說地傾倒煩躁的情緒，卻忘了他們有多珍貴，也忘了抱持感激之情。

我也曾經緊抓著無謂的關係不放，而疏忽了朋友們。儘管如此，我很感謝朋友們毫不動搖地關心我，為過去這段時光的空白帶來安慰。

任誰都希望能夠受到大家的歡迎，因為沒有人想被討厭。但是倘若對關係過分執著，為此費神和受到傷害，就有必要從關係中退後一步。

同時，也需要回頭檢視自己。如果連我都冷落了自己，還有誰會真心待我呢？因為有了「我」這個人，關係才得以成立，而不是因為關係成立，「我」才有了存在的意義。

往後我也會按照慣例，開始或結束無數的關係。我無法保證什麼是亙久不變的，或許會再度心生懷疑也不一定。

但是，如今我明白了：「關係」是需要練習的，也許下一次，我就會比現在更熟能生巧。

我的熾熱與冰涼

還以為自己很堅強，
沒想到竟如此軟弱、易受挫。
若有所失的一天，
猶如望不見盡頭的隧道。
在那隧道之中，即使是細微的波動，
呼吸也會隨即變得凌亂，
而時間就在提心吊膽之間流逝。

每當我將溼潤的臉頰擱在枕頭上、闔上雙眼，就像是被囚禁在另一個隧道裡。
在不能流淚的瞬間，必然
會迸出宛如啜泣的聲息。
嘆息，在空氣中漫溢。

我想取出大腦，以冰冷的水來沖洗。
是否就能因此稍稍沖淡此刻的心情，
喉頭也能不再感到灼熱？
我希望變回平時的自己。
我閱讀了自己的文章，
在字裡行間發現自己。

熱切地愛著某人，
發狠地憎惡某人，

懷有熾熱與冰涼情感的自己。
我想加以否認。
我想說，那些並不是我。
過去深藏已久的情感全都甦醒，
在心口上揚起波濤。
我隱約地感受到，
唯有情感乾涸，再也沒有任何起伏時，
我的啜泣才會止息。

所以，我誠實地面對了自己。
我終究無法否定同時愛著與恨著，
懷有矛盾情感的自己，
以及被那些情感折磨的自己，
只因為，這都是我。

我遇見了

在我體內的

熾熱與冰涼。

慢速播放的日常風景

比起地鐵，我更喜歡公車。相較於急忙通過漆黑隧道的地鐵，能夠透過偌大的窗戶，盡覽街頭風景的公車更深得我心。

擁有附帶相機鏡頭的手機之後，我總是用心地拍攝風景更勝於我的臉龐。只因偶然抬頭仰望的天空如此明亮，步道的水窪上碰巧漂蕩著樹葉，每日留下步伐的上坡路是這般靜謐，於是我用雙眸、用手機鏡頭，珍藏著相同街道的細微之處。

時而因為迷了路，撞見細膩別緻的巷弄，或某戶人家圍牆上盛開的不知名花朵那般動人，又或者被蜷縮在汽車底下的貓咪家庭吸引目光，於是暫且停下了腳步，駐留在那一刻。

自從搭乘地鐵上、下班之後，欣賞窗外風景的機會減少了。我以忙碌為藉口，無心留意季節的變化，而手機相簿再也無法輕易存滿。

睡前，我不經意地瀏覽照片，發現上一次拍照已是三週之前，不由得大吃一驚。

「這段時間怎麼都沒拍照呢？」

想著想著，我開始怪罪起經常閒晃的路線，誰叫路上的風景總是一成不變，所以才沒什麼好拍下來珍藏的照片。

每當朝著地鐵站前進時，猛烈的寒風總吹得我蜷縮起身子，將手機和冰涼的雙手埋進外套口袋深處，同時加快腳步。就像快速播放影像般，我沒有好好欣賞每天看見的風景，就這麼讓它們一閃而逝。

午餐時間，上班族從四面八方湧現，街道因此熙熙攘攘。無數的步伐在建築物之間來去，大家宛如戴上視野狹窄的眼鏡般，只能描繪出到達目的地的路線。

諸如某棟商場一樓新開的拉麵店，或者沒有店鋪進駐、始終空蕩蕩的漂亮建物，以及稍微抬頭就能映入眼簾的風景，這些都自然而然地被我忽視。如果沒人提起風景有哪些變化，恐怕我無法發現這條長久行經的街道有何新鮮之處，抑或是一如既往。

某個傍晚時分，我拖著一身疲憊進入地鐵站，踏上與平時相同的歸途。正打算闔上雙眼的瞬間，地鐵鑽出了地面，剎時紫光晚霞傾瀉在大片窗戶上。有多久沒看到晚霞了呢?彷彿受到迷惑似的，我從座位上起身，緊貼著捷運門扉佇立。

「真希望捷運能跑慢一點。」

我深怕錯失這短暫的機會，於是趕緊用手機攝影，將渲染天際的紫色晚霞拍攝下來。捷運再度經過漆黑的隧道，等到我下了車之後，晚霞早已消失得無影無蹤，只剩下幽暗的夜空。

只要加班至很晚的日子，就容易錯失窗外風景的變化。好久沒看到如此令人驚嘆的美麗天色了，或許是那耀眼的瞬間填滿了雙眸，直到這兩天，往返的路途仍舊顯得煥然一新。

我仰起頭，路燈的光芒宛如月亮，懸掛在枝枒之間。滿月彷彿跟隨我的腳步而來，比起任何時候都要碩大明亮。儘管是在嚴冬時節，種在道路兩旁的銀杏樹仍結實累累。

我將先前輕易錯過的街道收藏至眼底，再次開始用相片記錄下微渺的日常，像是電扶梯的水狀波紋、公司大廳的聖誕樹、劃開覆滿微塵的灰濛天空，映照出的橘黃色晚霞、由汽車燈光所形成的耀眼夜景、從未造訪過的異國情調餐廳招牌，以及不知不覺間冒出新芽的樹枝。

只是沒有試著尋找罷了，其實它們一直都在身旁。

那些我想收藏起來的片刻，在試著抬起頭來保存、記憶與珍藏時，變得清晰鮮明。我打定主意，要留心那些太過理所當然而被忽略的事物。

儘管快速流逝的日常無法倒轉，但我仍試著重新「慢速播放」；不管是今日或明日，都會如此播放這部不知何時終結的電影。有時，則是在某個畫面稍做暫停，接著再繼續播放。

解開身體與心靈的結

自從在公司上班之後，我胖了十公斤以上。除了變胖之外，背上似乎也長了肉，導致手臂無法往後彎曲，原本柔軟的身體變得僵硬，簡直就是一團糟。

正當我為了變胖導致背部僵硬而感到吃驚時，脊椎開始產生劇烈疼痛。我以為是頸椎出了問題，所以前往整形外科。醫生診斷後，說明是因為長時間坐著，導致骨盆變得不對稱，頸部也會疼痛，因此需要整骨治療。在接受治療的同時，我不時向物理治療師請教有關身體的各種問題。

「我最近胖了不少，背部也長了肉。背部長肉之後，身體就會僵硬嗎？」

「這不是長肉，而是肌肉緊繃的緣故，我還是第一次見到女生緊繃成這樣呢。」

得知不是身體長肉，一時放心了不少，但聽到肌肉過度緊繃之後，我訝異地詢問道：「那該怎麼辦？」

「要解開它啊。」治療師使用會發出噠噠聲的奇怪器材，在我的肌肉上大肆敲打。

「在身體變得僵硬的過程中，我都在做些什麼啊？」接受整骨治療時，我不禁責怪起自己。我心想，該做點運動了。比起獨自笨拙地運動，向專家確實學習似乎比較好，於是將皮拉提斯、瑜伽和私人健身訓練納入我的候選名單。皮拉提斯或瑜伽都必須持續做，我因為時間兜不上而放棄；考量到自己似乎也不會定期到健身房報到，只好放棄這個選項。

最後，我試著尋找短期團體訓練，便能在刻意空出時間的一個月內參加。如果是無器材健身，在家也可以輕鬆做，這樣我應該能夠堅持下去吧。

我報名了一個月運動三次的短期方案，在教室和帥氣的老師一起利用小道具來活動。那堂課的運動強度非常高，除了我之外的學員，過去就都有持續運動，我覺得自己落後太多，所以努力地想要跟上。

只是蹲下、起身的動作，為何臀部會這麼沉重；舉起手臂時，雙腿還抖個不停呢？其他人能夠輕鬆做到的動作，為何只有我揮汗如雨下？身體太不靈活，所以動起來也很困難，明明不到一小時，卻宛如十個鐘頭般。

過去我的運動神經好像沒這麼差呀？我一方面對不聽使喚的身體感到心寒，一方面又討厭棄它不顧的自己，同時也對身體感到抱歉。我吃力地抬起不停發抖的雙腿，一步步走回家。儘管如此，至少內心感到滿足。為了在下堂課能夠變得更靈活，平時也要多活動筋骨。

第二堂課果然也很累人，感覺鏡子中的我已不再是我，身體也不聽從指示，沒想到要抬起單側大腿會如此艱辛。而且只是抬起手臂罷了，卻感覺全身肌肉都在哀號似的。

我目不轉睛地看著鏡中跟著做出動作的自己，雙頰漲紅，彷彿要炸開來了，全身則是大汗涔涔。無法確實使力的四肢，每做出一個動作時，就會如同震動的手機般顫抖不止。

老師說，剛開始總是這樣，只要持之以恆，原本覺得費力的動作也能順利完成。我帶著一張紅通通的臉，對老師所說的話頻頻點頭，如此想著：「原來要隨心所欲地使喚伴隨我接近三十年的身體，也不是件容易的事啊，原來不是光靠我的意志，就能活動自如。」

就連自己的身體都無法隨心所欲了，更何況是碰到無數不順心的事情時，內心該會受到多麼大的挫折啊？我驀地對過去的時光感到羞愧起來。

對於身體常用的一側較靈活，也很容易適應一些簡單的事，我不禁有所感慨。過去我想加以控制並為此付出努力的事情，僅僅是無謂的消耗罷了。

我心想，不論是與朋友的關係、讀書、工作、戀愛或其他許多事，我是否曾希望一切都能稱心如意呢？在傾注徒勞無益的努力，卻發現事情並不順遂時，便輕易怨天尤人的過往，猶如利刃嵌進我的胸口。

結束課程之後，比起肉體層面，我所得到的領悟更接近精神層面，就像是清空心靈後豁然開朗一般。

仔細想想，多少還感到慶幸。好歹我的身體還能像心靈一樣持續嘗試，而且總有一天能收到確實的成效。聽到醫師的診斷，告知我是骨盤歪斜，並接受多次整骨治療之後，我再也不翹腳，站立時也不把全身重量放在單側了。期盼往後身體能更加從心所欲，我帶著這樣的念頭，一步步努力著；這都是為了身體好，況且是我唯一能夠操控的部分。

還有，我決定牢記兩位老師所說的話——

「要持續做下去啊。」

「要解開它啊。」

即使是輕易埋怨或放棄任何事情的時候也一樣。

身體不聽

我的使喚

對於遇見新的人，

以及新的事物……

老是猶豫不決，

總是躊躇不前。

我害怕逐步逼近的結束，

所以不敢貿然開始，

卻又渴望全新的開始，

於是遲疑著不敢向前。

也許是因為害怕遇見，

才一直守在原地不動吧。

如今我明白了，

若是一味地等待，

什麼都不會到來。

所以，我

不再躊躇不前。

即使為了獲得而必須失去，

我也決定先行開始。

 # 在渴望與恐懼之間

時間的慣性

慣性：
當物體未接收到外部力量時，
會保持原來運動狀態的性質。

時間具有慣性，
如果沒有特別的刺激或強制力量介入，
就會維持流動的狀態。
把時間分割、節省使用，卻依然不足夠。

當我認為就算一天有四十八小時仍不夠用時，
時間正快速地流逝，休息也成為一種奢侈。
逐步逼近的第二天，還有再下一天，
我苦惱著，究竟該多勤奮才行。

生活彷彿被時間追趕著。
明明不是什麼知名雜誌的編輯，
卻被世界上所有的截稿期限纏身而動彈不得。
一件事情結束後，又有另一件，
再次完成後，新的事又永無止盡地出現。
我沒有時間休息，而且令人驚訝的是：
我竟然很享受沒有時間休息的時光。
有好一段日子，時間如此流逝著——

「認真」、「忙碌」、「充滿熱情」。
但只需要一剎那，就能擾亂這股靜流。
宛如沙塵堆砌的城堡般，瞬間散落一地。
我的時間，甚至是人生的可能性，
輕而易舉地被撼動。

時間從龜裂的縫隙間傾瀉，
我不知該如何面對突然氾濫的時間，
只是無心地打發著。
比起單純的「一天度過一天」，
我厭倦的其實是日復一日的生活，
進而感到害怕。
星期一、二、三、四、五，如此顯而易見的平日，
我帶著始終如一的表情在公司工作。

就算是週末，也沒有什麼特別的事，
更沒有所謂的新嘗試或挑戰。
儘管惋惜著大把流逝的時光，
卻也沒有產生巨大的變化。

時間果然具有慣性，
如果沒有特別的刺激或強制力量介入，
就會維持流動的狀態。
在徹底碎裂的沙漏之中，
流沙自我的指縫間淌下。
我就這麼為時間所支配著，
缺乏計畫或操縱它的心靈餘裕。
遲早有那麼一天，必須打破這個局面。
確定的是，即將迎來的時間也同樣存在慣性。

屆時，我會如何迎接它呢？
近來我便思索著那一刻的事情。
應該度過哪種人生？
該如何使用時間呢？
如何才能和長久被我揮霍掉的時間化解恩怨呢？

「有氣無力」請走開

自從某日開始，這些未繳納房租又不請自來的房客，就這樣住進了我的腦袋。雖然很想將它們全數趕出去，但並不容易。名為擔憂、煩惱、後悔的房客們，將原本定居的記憶、偏好、意志驅逐出境，大搖大擺地住了下來。

每當這種時刻，也就是說，在我看起來無精打采時，大家就會向我提出各式各樣的建議。

「對面開了一家啤酒很好喝的 Pub，要不要一起去？」

「我們在ＩＧ看到的生魚片餐廳，聽說最近很熱門耶，週末去吧。」

「要不要去看展覽？我有免費的票。」
「跟我一起去血拼吧，順便到處逛一逛。」
大家都會投我所好，熱情地提出邀約，此時我就得傷腦筋了——該怎麼拒絕，才不會惹對方不高興。來杯涼爽的啤酒很棒，去吃美味的生魚片當然好，在週末看展覽相當不錯，一起去血拼也很好……，只是我並不想做這些事。
「各位，我現在處於什麼事都不能做的狀態。」
我刻意選擇獨自度過百無聊賴的時光，就算提早下班也會直接回家。換作是從前，我早就在江南橫行無忌、四處玩樂了。
在早早醒來的週末，天空清澈明亮，空氣中也沒什麼微塵。眼見是個外出的絕佳日子，我卻沒有洗漱，一整天都不打算離開家門，也並未感到無聊。
我呆呆地盯著綜藝節目，但很快就關掉電視，嘈雜的電視聲導致耳朵嗡嗡作響。我拿起手機，搜尋著有什麼新鮮事，儘管明知不會有，仍姑且一試地東按西按。

我點進入口網站稍微瀏覽，也看了一下新聞，以及熱門搜尋的關鍵字排名，正打算認真看點什麼，手機便自動關機了。原來我忘記充電啊，可惡。我將手機隨手扔到一旁。

我心想要不拿出塗鴉本和調色盤來畫畫？不然就練習寫花體字或彈奏久違的鋼琴？又或者整理化妝台？

很快地便揮去了試圖想做什麼的想法。何必呢？反正又不想動。我，果然什麼想法都沒有啊。

什麼事也沒做，就到了晚上，這時才為空虛度過而流逝的時間感到惋惜。儘管如此，晚上該做什麼好呢？我的答案還是「就躺著吧」。我將手機放在枕邊充電，雖然朋友們在關機前傳來訊息，我只想假裝沒看到。明天再看吧。

早知如此，星期四就該早點下班去喝杯啤酒；早知道週末就去看展覽，到最近熱門的生魚片餐廳大快朵頤；上個月都沒血拼，早知道就趁機會跟朋友一起大買特買。

「拜拜，大把流逝的時間；拜拜，輕易就被消滅的時間啊。」

我慎重地向消失得無影無蹤的時間告別。

腦袋裡又增加了新的房客，它們是自責與愧疚感。真希望至少其中一位離開我容量狹小的腦袋，不過它們卻聚攏在一起，更加不留情地折磨我。

然而，我似乎只能欺騙自己是無念無想，因為沒有堅強到能夠細數腦中的入侵者，並逐一追究它們的罪狀。

先假裝什麼事也沒發生吧。我決定到氣氛好的 Pub 喝杯啤酒，盡情享用

有氣無力
무기력
有氣無力

喜愛的生魚片，和朋友們一起看展覽、血拼之後再來問罪。

先把這件事往後延吧。此時此刻，我沒有做這件事的力氣、意志和想法。如此自我安慰後，我心想：「啊！原來這就叫『有氣無力』啊。」

如此這般，「有氣無力」也入住在我腦中了。

PART 3

魯蛇，你不用戰勝誰

也許，失敗是人生的暫停鍵，
能成為意料之外的休息時間。
我決定要欣然迎接失敗，
多虧了它，才得以歇息一會。
說不定正好覺得很吃力呢，
就能趁機重新開始。
我決定往後也要當一名魯蛇。

OFF

心靈的傾斜

雖然已多次迎接它的到來，但未經允許就擅自跑來的一週之始，總是無時無刻地折磨著我。

「週末為什麼這麼短暫？」

「為什麼一週必須勞動五天？」

「如果一週只需要工作四天，那該有多好？」

好想緊緊抓住無奈地流逝的週日尾巴，將亦步亦趨的週一拋得老遠。

只要到了週日夜晚，我必定會輾轉難眠。反覆的一週之始令人厭惡不已，必須上班的日子既疲倦、痛苦又不幸。一旦心生這種想法，「我好不幸」這句話便如習慣般，動不動就從口中冒出來。

享用完美味的午餐，回到辦公室的途中，我對一起搭乘電梯的同事說：「人生真是不幸啊。」「要是能夠馬上回家，一定會覺得很幸福。」接著又補上了這句話。

令人感到不幸的事情解決或消失之後，就真的會變幸福嗎？

倘若現在不用回公司，而是直接回家——不，如果為了不必再感受「想回家」的這份痛苦而辭掉工作，就能馬上變得幸福嗎？

週末盡情地睡到自然醒，度過無聊的午後時光；

和家人一同享用晚餐，在住家附近看場電影；

和同事們一邊享用美食，一邊啜飲紅酒；

在網路上訂購的牛仔褲，尺寸或風格都恰好適合我；出發去自助旅行的昨夜夢境……

這些都是我在日常生活中的小幸福，倘若這些事情不再發生，是否就會變得不幸呢？

把那些輕易就讓自己吐出「幸福」或「不幸」字眼的事情列出之後，發現好像沒有像幸福與不幸這般極端的詞語。不幸福並不代表不幸，沒有不幸也不意味著就一定幸福。

愈是經常說自己不幸，心靈就愈容易往那一側傾斜；基於不幸福的理由，做任何事都會覺得痛苦煎熬，或許就是因為這樣，才會一直覺得自己不幸得要命。

又或者恰恰相反，也許因為想獲得幸福的心思太過強烈，所以才會令自己陷入不幸之中。

即使大致上都相當滿足愉快，但只要基於某些理由，就會變得不幸。相反地，雖然對大部分的事情感到不滿足而痛苦，只要基於某些理由，也能變得幸福。

在感到幸福的同時，不幸也必然如影隨形。

如今，我試著想找到人生幸福與不幸的平衡，若是太過傾斜於某一側，下一刻就會如翹翹板般往反方向傾斜。

倘若少一點幸福，就能少一點不幸，那麼只要能夠保持心靈的平衡，這樣似乎也就足夠了。

「事情會好轉的」這句話

那是在高中的時候。為什麼再怎麼唸書也看不到盡頭？為什麼成績老是令自己不滿意？為什麼寥寥數名的朋友關係會如此複雜，需要花費這麼多心思？每件事都充滿了煩惱。

從小，我就不是會主動表露或傾訴煩惱的類型。或許是因為我希望一直被視為開朗陽光的人，行為舉止也如此表現，所以真正有煩惱時，便不知道該如何吐露。另一方面，我總是假裝成熟，對傾聽他人的苦惱習以為常。

母親的嘮叨，以及不見起色的成績，讓我持續過著對自己充斥不滿的生活。

我不想刻意在朋友面前提起母親的事，至於讀書很痛苦這件事，對朋友而言也是相同的，所以沒必要說出來。唯一能做的，就是將自己關在讀書室裡，翻翻題庫、打瞌睡或是聽音樂。

某個一如往常、對讀書感到疲乏的日子，我和朋友外出透透氣，到讀書室附近的超商一邊喝可樂，一邊閒聊。

「人生真的好累，再怎麼唸書也看不到盡頭，成績也沒有提升。」

聽到我宛如獨白般隨口說出的話語後，朋友回答：「沒關係啦，事情會好轉的。」雖然不免覺得「你懂什麼」，心裡卻有種微妙感受。

仔細想想，會對我說這句話的人就只有那位朋友。明明他也不了解情況，卻能不追究事情的始末，說出我所需要的話語。他不像其他朋友會鉅細靡遺地問我為何感到痛苦、為哪個科目而苦惱，也不會提出教誨般的言論。

這一句再簡單不過的安慰，霎時令我變得輕鬆許多；彷彿真的沒事了，一切最終會好轉。

之後，為了再次聽到這句話，我向那位朋友抱怨時，經常會發出一點也不像自己的牢騷。此時，他總會簡潔有力地說：「事情會好轉的。」而且他也不訴說自己的煩惱是什麼，只是用這個簡短的回答結束對話。

也許他是不想傾聽我冗長的煩惱，所以才趕快打住話題，又或者只是不曉得該說什麼。無論如何，「事情會好轉的」是我當時最需要的一句話。

這段往事已過了將近十年，如今每當我莫名感到煩躁、疲憊時，也經常將不問前因後果的這句話掛在嘴邊。

「如果他聽到現在的我發牢騷，是否還會說出同樣的話呢？」

儘管在許久之前，彼此就斷了聯繫，但我的心中總是充滿感謝。在我疲

事情會好轉的
拍拍頭
拍拍頭

憊的瞬間，「事情會好轉的」這句話確實給了我力量。

現在，當身邊有人喊累時，我也會抱持這份沒來由的確信，說不定真能帶給對方力量，一邊向對方說：「沒關係，事情會好轉的。」

無力測驗

有個簡單的測驗能夠檢測「無力指數」，這是身為重度無力患者的我為自己研發的，因此毫無醫學上的根據。

1. 明明不怎麼疲倦，卻老是想睡覺。
2. 早上起床到沖澡結束，花了很長的時間。
3. 化妝台或書桌有整整一週都呈現凌亂狀態。
4. 突然不太想喝咖啡或酒等平時熱愛的飲料。

5. 經常覺得人生很不幸。
6. 不想進行長時間的對話，獨處的時間變長。
7. 購物或選擇餐點時變得漠不關心，也不再執著要選什麼。
8. 希望時間愈多愈好，但並沒有特別想做的事。
9. 最近三天都沒有開懷大笑。
10. 很多事情只停留在「想著要去做」的階段。

勉強睜開了眼睛，
還沒上班，就先想到下班，明明人都還躺著呢。
我用棉被裹住身體，查了一下天氣與新聞，
雖然已經清醒了，卻一點也不想起來，
直到沖澡結束為止，花了很長的時間。
慌慌張張地準備出門上班，
不忘看著亂七八糟的化妝台想著：

「下班回來要整理一下。」

捷運上沒有座位可坐，
我聽著嘈雜的歌曲，勉強打起精神。
喝了咖啡之後，是否就能有活力一些？
沉重的眼皮不斷往下垂，
我計畫著要到咖啡店買杯咖啡，
但走進公司大樓後便打消了主意。
我並不怎麼想喝。
在座位上，打開筆電確認郵件，
頓時覺得自己很悲慘。
帶著一身的疲倦，注視螢幕的這副身軀，
好像真的很不幸。

午餐時間，我到了平價而無負擔的餐廳，
毫無誠意地選擇了最常吃的餐點，
因為不想為此花太多腦筋。
和同事們聊著昨晚的新聞、受歡迎的 YouTube 頻道，
以及再次流行的笑話，
雖然比工作來得有趣，卻無法像往常一樣捧腹大笑。
聽到同事買了衣服、準備換季，
我也無動於衷。
應該買些新衣服嗎？
反正在家隨便穿就好，一季很快就過了。
用過午餐之後，尤其兩點到三點，
不曉得為什麼這一小時感覺特別漫長，
我變得很想趕快下班。
奇怪的是，從四點過後，指針便疾速奔馳，

等我回過神來，已經晚間七點半了。
我收拾起辦公桌、儲存好檔案，
並傳送預約郵件、洗好馬克杯，
下班前的準備已然就緒。
搭乘了比上班時段更混亂的地鐵，
想著今天都做了些什麼，還有昨天、前天呢？
回家後要不要畫一幅畫或做點伸展運動？
還是閱讀買來後一直擺放著的書籍？
等到我走進家門，卻馬上躺了下來。
好不容易洗完澡，便發呆到睡著為止，
時間白白地過去了，最終什麼也沒做成。

睏意突然湧上，意識逐漸模糊之際，我如此想著：
真希望可以有大把的時間，

就能好好地睡上一覺，
以及起床後做點伸展操，下班還能畫畫、看書。

但是，我心知肚明。
就算擁有多達兩倍的時間，
所有決心依然只會是未完成的句子，
一天照舊如此結束。

一個季節轉眼過了，
無力測驗的十個句子是我每天的面貌。
雖然想做點什麼，
但無法提起勁的我，就這樣度過漫長的夏季。
也許，這倔強的無力症，早已默默地滲透全身，
成為我的特性之一。

雖然沒在做任何事，

嚴格地來說，是終日躺在床上，

但我的腦袋裡，

裝滿了「我什麼事都不想做」這句話。

我躺著想了一整天，

到底應該怎麼做，

才能真的什麼事都不做呢？

 # 只想呼吸的一天

當嗜好成為折磨

我在心裡盤算著，好像該培養個興趣。不管是什麼，只要持續進行，似乎都能為乏味的日常帶來一絲生機。我並沒有特別嘗試其他嗜好，而是再次寫起半途而廢的花體字，它曾經帶給我平靜的記憶伴隨而來。

來到延南洞的一間小讀書室，我跟隨著老師的指示，與其他學員一起認真書寫優美佳句，例如撫慰人心的溫暖歌詞、書中令人怦然心動的一行字、費解難懂卻動人的詩句等。如果沒有特別想寫的字句，就在紙張上反覆書寫我的著作《墜入愛情的瞬間》裡的內容。

在涼爽空調的吹拂之下，我一面啜飲拿鐵，一面真心誠意地在柔軟紙張上揮毫。將心思集中在寫字上頭後，腦海中的雜念似乎也隨著毛筆的一筆一劃而掃除。

下課後在回家的路上，心情比平時更加清爽舒暢，能在週末抽出幾個小時來從事愛好，我暗自感到滿足。

結束花體字課程之後，感覺漫長的空白時光將會十分難熬，所以我報名了水彩畫課程；這堂課是要將旅遊景點相片中的樣貌描摹下來。

如果說寫花體字時，能夠用優美的字句來撫慰沉重的心，那麼水彩畫則是能以明亮的色彩來洗褪晦澀的心。用美好的色彩渲染圖畫紙，本身就讓人樂在其中，看著秀麗的風景隨著指尖變幻出全新的模樣，儘管對自己的繪畫實力不甚滿意，但能夠以色彩填滿畫面、完成一幅作品，便足以令人心滿意足。

可是，轉眼間水彩畫課程也結束了，後來我又報名了旅行相關的工作坊。感覺非得用心做些什麼才行，不管花費多少錢，我都希望能夠填滿生活的空白。

有些時候，我所選擇的嗜好似乎成為自我折磨的處罰。不過，我認為勉強做點什麼的自己，總比什麼都不做來得好吧。

如果勉強自己去做某件事，必然很快就會產生彈性疲乏。儘管如此，我也無可奈何，只因我不知道該如何填補空洞的心靈，所以先隨便做點什麼都好。

我的心情彷彿抓住了救命繩一樣，期待這次的嗜好能夠將我從過去的無力之中解救出來。

沒有誰搞砸了人生

「今天考完大學入學考試的人，該有多開心啊？」

午餐時間聽到有人丟出這句話，大概只有我無法對此表示同意。

我歷經過三次大學的入學考試，每次結束走出考場時，我沒有一刻感到愉快。既不覺得痛快，也未感到高興，而是恰恰相反。

當時的我——那三次的我，在回家的短暫路途中，思索著各種死亡的方法。這是我頭一次把對自己的失望，轉化為想自我破壞的心情。雖然經常略帶戲謔地想著：「啊，好想死，乾脆一死了之。」但進一步考慮到明確的方法、時間、地點，是在首次考完大學入學考試的回家路上。

受到寒流的影響，考試時天氣經常十分嚴寒。十九歲考試時，天氣很陰冷；二十歲時則是昏暗而冰涼；雖然二十一歲距今最近，卻被我從腦海中抹去了，只是隱約記得在回家的路上，便當袋相當沉重。

一回到家之後，我連燈也沒打開，逕自進入房間內躺下，全身一點力氣也沒有。雖然考題解答尚未公布，但反正也沒必要計算分數，結果已經顯而易見。

到了晚上，家人們才陸續回到家。

「考得怎麼樣？」

「……搞砸了。」

「早就料到了。」

和母親結束簡短的對話之後，我又再度趴著嚎啕大哭。

我彷彿置身地獄，哪裡都沒有容身之處。學校內鬧哄哄的，保送大學、入學測驗成績理想的同學已經準備迎接大學生活，也有同學豪邁地決定重考或去留學。還有原先就沒打算上大學的人，正計畫著要大玩特玩。好像除了我之外，大家都明確地知道考完試之後的下一步。

將個人物品搬離讀書室時，因為實在沒辦法扔掉書本，所以將沉重的書本打包後，一步步扛回家。我感到又冷又累，彷彿這就是我往後的人生，不由得流下了淚水，雙頰也被寒風吹得刺痛。

去重考補習班之前，家也不是我的安身之處。夢境中的我被困在荊棘裡動彈不得，感到無比痛苦。不管在母親面前做什麼，都得聽上一頓嘮叨。內心受到的傷害太深，以至於我無論如何都不想回家。當時的我不知應對的方法，也沒有足夠的能力。

凌晨起床，一早搭著地鐵前往補習班，只要看到裝模作樣的大學新生，我就會將音樂的音量調大，然後暗自下定決心，明年我也會成為一名大學生，在理想的學校中，過著多采多姿的大學生活。

之後，我又重考了。

這次考上的學校，我認為不是重考後該去的地方，並懷抱野心想著：「我之前多拚命啊，拚死拚活熬過那麼漫長的時間，卻只考上這種學校，這樣對嗎？」怎樣也無法修復被擊潰的自尊心。

純粹為了獲得補償，我在千瘡百孔的狀態下，開始準備第二年重考。若用一句話總結，就是「不死之人才是強者」。

重考第二年考上的學校，是高三和重考時想都沒想過的學校，因此我連新生訓練都沒去。入學在即的二月，某天半夜醒來，我一邊大口喝水，一邊想著：「我的人生真的完蛋了。」

每天我都在計算年紀，入學時二十二歲，假如中間沒有休學、順利畢業的話，就是二十五歲，就算立即就業也二十六歲了。只是，都二十六歲了，能順利找到工作嗎？（那時企業偏好雇用的女職員平均年齡為二十四歲。）那麼我該做什麼好呢？這不是我想過的人生啊。

在品嘗人生最不幸的滋味之後，我成了一名二十二歲的大學新生。那是個寂寥的春天，在興奮雀躍的新生之間，我是個重考兩年、搞砸人生的大姊姊。我認真地考慮是否要當個三度重考生，書架上塞滿了無法丟掉的考試用書。

在家時，面對母親隨口說的無心話語，我也會頓時怒火中燒，揹著牆面哭泣。對大學入學考試存有留戀的那段期間，就連玩樂都是一種奢侈。在學校，我過得像是一名異鄉人，不對任何人事物付出情感，就連對自己也是如此。我只在遠處徘徊打轉，彷彿隨時消失不見，都不會有人覺得奇怪。

過了許久之後，總算拋下對大學入學考試的迷戀，這時才回頭正視自己，探索並瞭解自己，開始認真尋找我喜歡的東西及擅長的事情，充實忙碌地度過每一天。

然後，生活一點一滴的好轉了。就算吃飯、睡眠時間不足，我仍樂在其中。這時我才明瞭，原來沒有什麼是搞砸的人生，只是自己如此認定罷了，我並沒有真的完蛋。

原來我很認真地生活，也過得很好；原來，大學入學考試無法作為評斷我這個人的標準。

我並不後悔重考兩年，儘管要求我再經歷一次，我寧死也不接受。

至少我不想否定或埋怨過去的時光，反倒覺得稚嫩的自己很了不起：明明討厭長時間坐著讀書，討厭只是為了考試而讀書，也很討厭盲目的死背，像這樣的我居然能夠霸氣地重考兩年。

為何會如此執著於大學入學考試呢？就讀好的大學，又不是守護自尊心和提高生活水準的唯一方法。只因當時的我相信，如果沒辦法考上「一流大學」，就會落後他人，一輩子都得這麼過活，所以認為非得如此不可。

直到成為大人，大學入學考試於我如浮雲的現在，才得以試著說出：「曾經試圖殺死我，而我苦撐下來的那段漫長時光，終究造就了明日的我。」

我是魯蛇

當我回顧自己的人生時，
失敗的瞬間總是率先浮現於腦海，
而我也認定自己是個難以成功的人。
由此看來，
我，儼然是名魯蛇。
在輾轉難眠的夜晚，

過往失敗所帶來的挫折與後悔，
如波浪般迎面襲來。

由此看來，
我，儼然是名魯蛇。

感覺所有人都超越了我，
只剩下自己還停在起點，無法跨出步伐。

由此看來，
我絕對是名魯蛇。

我們在人生中遭遇許多失敗，一再成為魯蛇。
每當此時，挫折感便會如影隨形。

淘汰、落榜、分手，
這些都是和失敗相似的詞語。
只要碰上它們，我就會心想：
「我一定要成功，挽回過去的失敗。」

無論說失敗是「成功之母」，
抑或是「讓人變得更堅強的踏板」，
其實都不太能帶來安慰，
因為這些話語皆抱持著：
終有一天會成功的決心。
到頭來，失敗不過是被看作：
必須被抹去、必須戰勝的對象。

驀然，心中浮現了這種想法。
失敗就代表錯誤嗎？
真的搞砸了事情嗎？
它必定意味著後悔嗎？
為什麼沒有人談論「成功的」失敗呢？

「都一路奔馳到此了，休息一下吧。」
「瞧瞧膝蓋有沒有磨破再繼續跑吧。」
「要是喘不過氣，乾脆就步行吧。」

也許，失敗是人生的暫停鍵，
能成為意料之外的休息時間。

我決定要欣然迎接失敗，

多虧了它，才得以歇息一會。
說不定正好覺得很吃力呢，
就能趁機重新開始。

也就是說，我決定往後也要當一名魯蛇。
面對成功與失敗，不再賦予過多的意義。
也許有八成的我，正是失敗造就而成，
那樣的我，很滿意現在的自己。

人生的暫停
也許會成為
意料之外的休息時間……
OFF
ON

跟著結霜的冬季心靈

我對換季很敏感。不知道是否因為冷風吹進了我的內心深處，所以才如此欲振乏力、鬱鬱寡歡。

在身心蜷縮的初冬與初春總是如此，一整天有氣無力、疲憊不已。內心只想不做任何事、不做任何思考，就這樣睡上一天。

本以為單純是對換季敏感所致，原來這種症狀叫做「季節性抑鬱症」。

季節性抑鬱症（ＳＡＤ），是一種根據季節變化而產生的憂鬱症，好發於日照量減少的冬季。秋、冬時會出現嚴重憂鬱與有氣無力的症狀，等到日照量增加的春、夏季來臨，就會自動復原，但也有春、夏季出現憂鬱症的情形。

季節性抑鬱症和一般憂鬱症有所不同。一般憂鬱症會伴隨無力、失眠、食慾不振，而季節性抑鬱症則會出現無力、睡眠過多、食慾旺盛等症狀。

難怪最近的我老是昏昏沉沉、感到飢餓；一回到家之後，就狼吞虎嚥地吃下兩碗飯，然後直接躺平休息。

我得看書、寫文章，以及買化妝品和衣服，還有看電視劇重播，要做的事情如此之多，卻沒有任何事付諸行動，只是全數堆到一旁。

因為領悟到自己像台機器般勉強度過一天，於是變得極為敏感。

某天，我突然對早晨挑選的襪子感到不滿意，內心興起想脫下扔掉的念頭。沒頭沒腦的煩躁接連不斷，感覺不是自己在主導一天的時間，而是一天的時間在主導我。

「做點事吧，我喜歡的事情。」

同樣的歌，我反覆聽了一整天；午餐吃豬排飯吃到膩，狂灌數不清的咖啡；和我家小狗 Cookie 打鬧；在房間裡滾來滾去；一口氣再次將喜歡的電視劇看完。

用瑣碎的日常安撫自己的有氣無力與鬱鬱寡歡，就這樣過了一天。

此時我才覺得，被日照量不足造成的憂鬱而左右自己，真像是個笨蛋，明明只要多照一點陽光、吃點維他命D就能解決了。

我決定不要再為了「對換季敏感」而消耗無謂的情感，並以點滴日常度過寶貴的一天。

我的自由意志

在早晨睜開眼睛、在用餐時間拿起湯匙、在一日將盡之時闔上眼，偶爾，我會在理當做這些事情的時候，突然選擇撒手不管。

該睡的時候沒有睡意，該醒來的時候，遲來的睡意卻朝我襲來，如果連固定的生活規律也失去了，就會變得什麼事都不想做。

只要碰上這種日子，我總會一股腦地把時間浪費在無用的事情上。

今天就以電玩來耗費時間吧，我主要玩的遊戲是《模擬市民3》。遊戲中需要透過求職、賺錢、讀書、戀愛等生活模擬，打造「市民」這個角色，我操作的角色與我個人的心境截然不同，過得十分忙碌。

擁有工作狂特性的模擬市民為了能夠早日升遷，在家也會加班；喜歡寫作的市民一有空暇就會打開筆電，終日寫文章。具有彈奏吉他特性的市民，即使上班時間都過了半小時，依舊好整以暇地在家彈吉他玩樂；喜歡做料理的市民則是把所有事丟到一旁，怎樣也不肯離開食譜一步。

相較於帶著理由各自忙碌生活的模擬市民，身為玩家的我，卻無心替市民建造華麗舒適的住家，也無意培養角色，讓他們能夠世代相傳。

另一方面，看著熱衷於某件事的模擬市民，令我感到安心。原本進行的工作結束後，模擬市民們並未就此無所事事，他們按照程式化的「自由意志」，替栽培的作物澆水、準備晚餐、和鄰居講很久的電話。市民的自由意志，大概就是「好歹也要做點什麼事」吧。

我並不具備像模擬市民一樣非得做什麼的自由意志，而且他們從來沒有什麼事也不想做的時候。

換句話說，不論何時都非得做些什麼的生活模式，是只有與模擬市民過著相同的人生——使用作弊碼就能賺錢，或是點擊一下就能恢復體力的人生，才有可能發生。

今晚，我又靠模擬市民熬過了失眠的無聊時光，由模擬市民代替什麼都不想做的我，做著無數的事情。

為了將來也許會用上的某一刻，

我把物品塞滿背包，揹著到處跑。

裝滿文具的筆袋，

複習用的教科書，

打算在通學途中閱讀而借來的心理學書籍，

甚至有厚實的筆記本與各種尺寸的便條紙。

我無法忍受需要某樣物品時，

手邊卻剛好欠缺的狀況。

也沒想到要用其他物品替代，

因此，才會一直增加人生的重量。

 # 我一手造成的人生重量

LIFE
人生？

不想變成溫水的我

我放下了過去壓著我的沉重包袱。

每當開始做某件事時，我就會想：「既然都要做了，那麼就認真做、好好做吧。」

工作時，我希望我的小組能夠順利完成交付的任務，而且能夠獲得第一名的佳績。可是卻經常發現，一起工作的同事並不這麼想。

「真不曉得你為什麼要這麼認真。」

「就算做得不好也沒差啊。」

「為什麼要自找麻煩？」

曾經就發生過小組取得了好成果，事後我卻聽到這樣的話。

我感到很灰心，更不禁冒出火氣。所有事都是我獨自包辦，而說出這番話的人只是搭乘順風車而已。

以往，我認為只要結果是好的，就算吃點苦也無妨，但後來發現，假如只有我一人追求完美，到最後只會累了自己。

他人與自己的熱情有著不一致的溫度。與其因為某個人澆下的一盆冷水，讓自己變成了溫水，還不如兀自滾燙沸騰。

所以，我放下了「想和某個人一起追求完美的心」。

雖然我的性格積極樂觀，也並非時時刻刻都朝氣蓬勃，可是偶爾會遇到發出以下言論的這種人。

「說點好笑的事來聽聽。」

「有沒有什麼有趣的事？」

「你不是都過得很開心嗎？」

「為什麼裝柔弱？真不像你。」

面對他們的斥責，我總需要費脣舌辯解或加以說明。

「我最近過得……」

「最近有點陷入低潮……」

「生活好艱辛啊……」

我不由得想，為什麼我就必須要開心？不，我為什麼必須裝成那樣？而且還是依照別人的意思。

於是，我放下了「假裝開心」，不再為了符合某人的期待，而扮演或維持特定的角色。

遇到他人強迫自己體諒某些事，這種情況也不少見。

「因為你是家中第一個孩子，就諒解一下吧。」

「他本來就是這樣，體諒一下吧。」

「當然是你要讓步了。」

強迫別人要懂得體諒，這件事完全不具合理性，只不過是出於習慣，甚至有時根本毫無理由。

這等於是以無法說服他人的理由，來要求對方理解。假如當事者反問：「為什麼我要體諒？」反而會被當成壞人。

於是，我放下了「只要讓步久了，有一天對方也會體諒我」的妄想。

我經常為了一些事產生罪惡感，諸如：面對不擅長的事情，覺得「早知道當時應該好好做」；面對無法樂在其中的事情，認為「太糟糕了，我應該感到幸福才對」；面對無法體諒的事情，自責「應該去理解的，是我太自私了嗎？」

其實根本沒必要刻意體諒他人、假裝自己很開心，或者為了取得好成果而獨自掙扎，也沒理由為了不努力的某人而努力。

就算做不好，就算不樂在其中，就算沒有體諒對方都無所謂。

並且即使沒有人用這樣的話安慰自己也無妨，因為沒道理為了別人而變得心情沉重。

所以，我也放下了罪惡感。

渺小的渴求

每到週末，便像具屍體般忙著睡覺的我，也會有早早就醒來的時候。平常的我肯定會覺得「哎呀，再多睡一會吧」，然後用棉被蒙住頭繼續睡覺，不過，那天我卻毫不猶豫地起床了。

我噗通地倒臥在涼爽的客廳地板上，然後打開了電視，心裡盤算著要看部電影，便一邊躺著，一邊搜尋節目表。

「反正還是早上，找一部看到睡著也沒關係的安靜電影吧。」

我看著電視畫面上的簡介，播放了海報看起來很眼熟的日本電影《戀戀銅鑼燒》。

伴隨著粉嫩的櫻花，電影沉靜地拉開序幕。主角是與整體色彩不甚協調，冷漠而無力的銅鑼燒店鋪主人千太郎，以及想在他的店鋪打工的德江老奶奶。儘管千太郎數次拒絕，但德江老奶奶帶來親手製作的紅豆餡，讓對方品嘗，終於成功在千太郎的店鋪工作。老奶奶進來之後，原先漫不經心地烤銅鑼燒的千太郎與安靜的店面，如同漣漪般產生了微小的變化。

製作銅鑼燒是德江老奶奶的夙願，她比店主人更早上班，從凌晨就開始誠心誠意地洗滌紅豆，並且和鍋子裡煮到沸騰冒煙的紅豆對話。老奶奶說，紅豆沙是用心製作出來的東西，對她而言，這份工作並不是賺錢或維持生計的手段，而是死前希望實現的小小夢想。

多虧了美味的紅豆餡，客人絡繹不絕，慕名而來的顧客也從德江老奶奶身上獲得了心靈的慰藉。然而有一天，關於她的傳聞散布整個社區，店鋪瞬間變得門可羅雀；老奶奶留了一封長信給千太郎，之後便離開了。千太郎遵循從老奶奶身上學到的智慧，實現人生的渴求，為了獲得幸福而奮鬥著。

電影播畢之際，我心想：自己是一個渴求有多強烈的人呢？是否曾迫切地渴望某樣事物，並為此努力嗎？曾經如德江老奶奶般，不管面臨何種處境，都會尋找真正想做的事情嗎？

我不禁淚如雨下。從工作中獲得的滿足感，以及對於小小的快樂和某件事的渴望之心消失已久。這樣的我，久違地捫心自問：「我究竟想做什麼呢？」我哭著問自己，因為尋找不到答案，於是又再度哭泣。

電影中，德江老奶奶說道：「我們是為了觀看世界、聆聽世界而誕生於世上，所以即使無法成為特別的人，我們仍具有活下去的意義。」

是啊，就算不特別也無妨，去尋找此時想做的瑣事吧。我問自己：你想做什麼？又能做什麼？

驀地想起了熱咖啡。我久違地研磨著咖啡豆，精心泡了咖啡，一連喝下兩杯，接著洗了把臉，將臉上的汙垢拭去。

我試圖去做此時此刻渴望的事情，而不是長時間的國外旅行、累積資歷的自我投資，也不是為了不落後他人所做的掙扎，從中獲取一點小小的成就感和滿足感，用這種渴求度過了週末。

即使今天的渴求極為渺小、微不足道，與日常毫無分別，但也許往後會成長為偉大的夢想或冀求。

奮力地懶散過活

「時候到了，我就會去找工作，請別再嘮叨了。」

大四暑假，我正式向父母宣戰，在應該認真準備求職的關鍵時機點，我毅然決然地放下考證書、校外活動、苦讀英文等要緊事。

整個大學時期，我都過得十分緊繃。想到自己比同齡朋友們晚了兩年出發，便一路追趕，而且覺得路途還真是遙遠，內心不免著急起來。

為了讓自己安心，我做了許多事，腦袋裡總是塞滿了諸多事項。明明出發點是「我想做的事」，但不知從哪一刻開始就變成「應該做的事」、「為了避免失敗而應該做的事」或「想像別人一樣生活就應該做的事」。

我很想休息。曾經考慮過休學，卻害怕因此推遲畢業的時間，所以打消了念頭。雖然理由之一是休息也沒有想做的事，但那只是個藉口，更多是出於擔心自己落後的心理。

儘管如此，我確實需要休息，有兩個月的時間，我真的什麼都不做，只是讓自己休息。那段時間我的睡眠不規律，也懶得洗澡，待在家的日子比外出更多。我熬夜打電玩，甚至把乏味的電影全看完。如果有人問：「你平常都在做什麼？」我會回答：「沒做什麼。」

打工、當義工、參加競賽，以及在校內進行的大大小小比賽，乃至於大學報相關活動，這些在大學三年半的時間裡，一直不間歇地追趕我的事情，全被我拋諸腦後，就這樣度過了一段懶散的時光。

再也沒有非做不可的事情。等到有想做的事情時，我自然會動身去做。

雖然希望往後的人生也可以這樣生活，但我明白這不可能，所以才會更奮力地度過懶散的日子。

每個人肯定都會有這種時刻：想讓總是快馬加鞭的日子減速、想放下手中抓住的一切。一旦碰到這種時候，任誰都會感到如履薄冰。

「我可不能落後啊，要做的事還有很多。」

但是，與漫漫人生相較之下，這段時期僅僅是滄海一粟。或許，只不過說明了我們被時間、被人生追趕，而怠慢了休息這件事。

即使現在我成為上班族，如果可以的話，我也會試著把該做的事情往後延。我試著正視流逝的悠長時間，也試著研究如何才能懶散過活。

過去有多麼認真生活，就用同等的力氣試著思考相反的人生。就這樣，我抱持著這種意識，度過散漫的一天。

偶爾，我們所有人都會需要慵懶地休息一下。

我無法更認真了

我習慣反覆地說同一句話。為了寫這篇文章而打開筆電的此時，腦海中也會呼喊著：「我要認真做才行。」

無論任何事，我都是會全力以赴的類型，偶爾，天生的樂觀主義與懶惰的那一面，甚至還會為此感到詫異。

雖然不知道其他人會如何看待，但我始終以不愧對自己的態度認真活著。準確地說，是我喜歡用心生活。

和我要好的朋友們也都像火花般帶著熱情生活，他們的內心不存有任何懷疑、朝著目標堅定前進。

每當我們許久碰上一面時，大家就會爭先恐後地訴說自己有多認真生活。聽到彼此說著之前做了何種挑戰，往後打算嘗試什麼，就會再度提醒自己要用心生活。

過去我無法理解為什麼有人不能認真生活。也許因為如此，為看似不比我認真生活的人打氣，一直被我當成一種宿命。

國中時，我看到死黨每次都不寫功課，鬱悶之餘，自作主張地把作業拿給對方看，強迫對方抄寫。

大學時，為了小組作業能夠得到滿分，我對漫不經心尋找資料的同學連哄帶騙，三番兩次折磨對方。

然而，這樣的方式必定會讓自己與不懂我的朋友之間產生摩擦。

我出自本能地領悟到，和那種朋友的關係就猶如兩條平行線，並且自然而然地疏遠了。

我喜歡「認真做事的我」及「終於辦到的我」。之所以花力氣去做「不做也無所謂的事」，大概就是出自這種心理。

我絕對不會把雞蛋放在同一個籃子裡，而且不滿足於一點小小的成就。只要覺得不夠「認真」，就會「更加認真」地多鞭策自己幾次，我也對此感到滿足。

「我，今天也很認真生活。」

「認真」之後會獲得應有的報償，像是口碑、稱讚、分數、名次等。不管它們能否換算成數值，都會被分類在「好的結果」。

直到二十五歲左右為止，我都是如此。老師、教授、朋友、父母、親戚，從他們口中聽到稱讚，讓我感到心滿意足。

儘管也有（許多）沒有被稱讚的情況，但那種時候，總是很快就能靠自己的努力抵銷掉。

自我合理化很容易，只是「自我暗示」卻開始起不了作用。

那是在就業兩年後的事情。我發現，光靠「認真」是不夠的。

儘管每天都能切身感覺到現在有別於以往，不是憑藉過去累積的經驗、用心去做，就能帶來滿足感，但我像個傻瓜般，一味地認為必須更用心才可以。

一定要更、更、更努力！

我催促自己，可是一天又一天地過去，日子並沒有太大的不同。有別於學生時期的狀況，到頭來「失去報償的用心」淹沒了我。

彷彿燃燒殆盡，我累了。

不管是每天早上、刷牙中、上班途中，還是大口灌下咖啡時，我會反覆唸著「要認真做才行」來自我鞭策，這句話在過去猶如魔法咒語，現在卻一點用也沒有。

「我無法更認真了。」

這就是我的結論，彷彿耗費了所有的認真，永無止盡的無力感如重力般緊揪住我。

開心、悲傷、辛苦、煎熬，我無法明確定義任何一項，呈現出什麼事也無法做的狀態。

我不停地思考關於存在的問題。

「我為什麼活著呢？」

「為什麼會出生呢？」

「我現在在做什麼？」

我逼問自己一些這輩子也許都難以回答的問題，對無能為力的自己感到失望。

過去我所定義、保證和自豪的「我」，太過輕易地被抹去，所以帶來了一連串的不安。

當我領悟到嗜好、蒐集公仔、追星及曾經帶來莫大喜悅的事物，再也沒辦法發揮作用之後，我曾心想：「啊，這下子糟了！」

胡思亂想了一整夜之後，隔天疲倦不已，最後成了惡性循環。

然後，我突然想到：「為什麼一定要認真生活？」

是啊，為什麼一定要認真生活？

「你為什麼要這麼用心？」這句話驀然在耳畔響起，我想起當初一面勉強地抄我的作業，一面隨口詢問我的死黨。

國二的我如此回答：「竭盡全力才不會後悔啊。」區區活了十五年的我是這麼想的，為了不感到後悔而認真。

此時的我再次問自己：「為什麼一定要認真生活？為了不感到後悔嗎？」

我依然無法給自己一個明確的回答，也許這輩子都會為了尋找答案而活下去吧。

但是，我的內心已經偷偷下了一個結論：**管他的，那又怎麼樣？怎麼可能對每一件事、每一次經歷都用心**？

這是我第一次認同「不用心生活」的自己；那並不代表我是有問題的、

需要修正或必須再次認真，其實不過就是我本身罷了。

總之呢，今天，也許明天也是，又或者到本月為止，我都不想認真生活。

當我這麼想之後，內心覺得輕鬆許多。雖然不會帶來什麼改變，至少不必再以「認真」這個字眼來折磨自己了。

咖啡因完全起不了作用。

儘管喝了濃縮咖啡，

提神飲料也喝了兩罐，

卻只覺得肚子飽脹。

今天去了一趟藥局，

小聲地探問：

「有沒有失眠時吃的藥？」

不過，卻花了一萬韓元，

買回三罐消除疲勞的營養補給劑。

我坐在書桌前，一口氣喝完，

某一刻卻睏得趴在桌面上，打了一會兒盹。

在意識矇矓之中，

我心想著「藥局老闆欺騙了我」，

接著想到自己在睡覺而猛然驚醒。

喝什麼都沒有用，

史奴比咖啡牛奶[11]只會占肚子空間，

紅牛也只是讓人覺得很好喝而已。

我懷念起十八歲時，

就算已經熬夜三晚，

也能在 KTV 盡情玩樂的自己。

 # 咖啡因也起不了作用的年紀

11　包裝上印有史奴比圖案的韓國咖啡牛奶，其咖啡因高過提神飲料而引起注目。

PART 4

如此，便是安好

比昨天更好，

不，就算沒變得更好，

我也決定，只和自己比較。

不比較彼此的速度，

不強求彼此的方向，

即使一成不變的日常令人空虛，

為自己的落後而感到鬱悶，

那也不打緊，

如此，便是安好。

年末不是結束

年末到了，
說長不長、說短不短的一年，
也沒剩下多少時日了。
十二月的街道熠熠生輝，
我帶著雀躍的心情忙碌奔走，
心情感到飄飄然，
一方面期待即將到來的年末，
一方面又惋惜快要結束的一年。

心情感到好微妙。
我聯繫了更多的人，
說要在今年結束之前碰個面；
設想了更多的休閒活動，
說要在今年結束前去實行。
我置身在年末那特有的奔忙之中。
奇怪的是，我感到更孤單了。
度過歡樂時光之後，回家的路上總是如此。
某一天，街道上散亂的燈光映入我的眼簾，
內心充滿了言語無法說明的虛無與空虛感，
就好像什麼事也沒做，一年就過了。
而且，偏偏又覺得只有自己是這樣。
「原來只有我一整年都原地踏步啊。」

我無聲無息地度過即將結束的一年，
同時迎接所剩無幾的凌晨。
後來，我偶然看到有關年末憂鬱症的影片，
聽說每到十二月三十一日，
企圖自殺的人就會比其他時候來得多。
精神科醫師說理由是「因為想到了結束」。
只要一面對某種結束，
比起美好的、擅長的事，
更容易想起負面的、悲傷的事。
如果比較以下兩種人：
春天發生過好事，但秋天碰上壞事，
以及春天發生過壞事，但秋天碰上好事，
據說，前者會覺得自己更不幸。

因為想到了「結束」……

我全然遺忘了，
明明就發生過許多好事。
我一口氣找出近來痛苦的負面記憶，
然後用心地反芻。
不管是開始或結束，都只存在於月曆之中；
那些不過是月曆中的數字罷了。
沒必要勉強找出在十二個月裡，
自己究竟做了什麼。

面對即將到來的時刻，
我希望平心靜氣地接受，
並且不過度地放大它。
既然一路挺到了現在，
往後也會繼續如此，
所以我決定讓想法停留在這兒就好。

懷念，不分遠近

我們家習慣在矮桌上用餐。搬到現在的房子時，本來應該買張六人座餐桌，可是到目前為止，都沒有找到讓人一見傾心的餐桌，因此就使用先前的矮圓桌，轉眼已經超過一年了。

到了週末，我們會把大大的矮桌擺放到客廳，而母親會打開電視，選擇她喜愛的週末連續劇頻道，全家人圍繞矮桌坐著享用晚餐。

「海帶好好吃。」我對母親說道。她為了準備小菜，在家人都已經拿起飯匙許久才入座。

裝在小碟子裡的涼拌海帶芽，是以海帶和明太魚乾拌醋辣椒醬，因為實在太過美味，我連烤得黃澄澄的青花魚都給忘了，只顧著吃海帶。

「好吃吧？突然想起你外婆以前做過，所以試著做了。」母親說道。

外婆在今年過世了。母親一面回想著自己的母親，一面製作小菜。聽到她的回答後，我裝作若無其事地邊吃飯邊說：「真的很好吃耶！」

因為不知道該說什麼才好，母親只好不斷將米飯一匙、兩匙地往嘴巴送，口中吐出了「唉」的嘆息聲。

「早知道就把製作醬料和小菜的方法學起來，那時沒想到會變成這樣。」聽到母親這句話後，我內心突然一沉。

遲早有一天，我們的母親都會離開我們身邊。那時，我也會想起她曾經做過的小菜，並遵循那樣的味道來料理吧？但我做得出來嗎？腦海中浮現我吃著製作失敗的小菜，因而虛脫無力的模樣，瞬間眼淚奪眶而出。

在安靜的氣氛下，我胡亂地說了一堆話。「海帶真的好好吃，光靠這個就能吃三碗飯。我不是很喜歡海帶嗎？喜歡海帶湯，還喜歡沾醋吃，還有放入黃瓜涼湯。」

隔天我睡到很晚才起床。一邊喝著母親沖泡的三合一咖啡，一邊無聊地切換電視頻道；然後邊晾衣服、邊聊天，邊吃晚餐、邊看週末電視劇。在抱怨即將到來的週一之中，慢慢入睡。

這些稀鬆平常的日子，曾以為絕對不會消逝的時光，有一天也會化為令人懷念的回憶吧。

也許在不久的將來，我就會懷念起今日，又或者在稍稍遙遠的未來，便會回憶起今日。因為太過理所當然，並且就在身旁，儘管珍貴卻不特別放在心上的時光，已經讓我開始想念。

懷念無所謂合不合理，並非在遙遠的未來，才會想起過往的時光。即使是此時此地或身旁的人事物，依然會有懷念的迫切感，從我的例子看來確實如此。

二十五歲的詛咒

言行舉止優雅端莊，成熟幹練的形象，
能和各領域人士交流的強者，
嚴格自律而獲得認可的職場人士，
和認識二至三年的男友，以結婚為前提交往中。
這是我小時候所描繪的二十五歲。
如今看來不免全身起雞皮疙瘩，
不過當時卻想得非常認真而具體。
我天馬行空地想著，

二十五歲，就能成為完成某件事的大人。
對我來說，二十五歲是獲得成就的截止日。
進大學之後所萌生的不安和壓迫感，
在邁入二十五歲的前一年，
也就是二十四歲時達到了巔峰。
為什麼偏偏是二十五歲呢？
我的人生又不是在那時就會結束，
為什麼不是二十七或二十九歲，而是二十五歲？

某天，我猛然想起一句話：
「女人到了二十五歲就會凋謝。」
媒體說，女人的年紀猶如聖誕節，
最美的年紀是在二十三歲。
這種大肆瞎說、以年紀約束女性的話語，

卻被當成事實般播報，彷彿真的一樣，
不僅上了新聞，也傳遍SNS和各大論壇。
當時各種「理論」與「經驗談」彷彿群魔亂舞，
訴說著女人的一生與社會挑戰如何受限於年紀。

我不由得嚇了一大跳，
當時我還咒罵著，只把它當成耳邊風，
可是，我卻將它儲存在潛意識的深處。
我無視那些一面說著：「你馬上就要二十五歲了呢。」
一面帶著不懷好意的眼神在偷笑的人們，
內心只想將那個句子抹去，
但二十五歲這個數字，
卻一直緊扣並左右著我的人生。

這個「二十五歲詛咒」，
踐踏了無窮的可能性與長久的野心，
當我徹底擺脫後，霎時整顆心變得輕盈。
也因此，我在二十歲之後，腦中想像的三十、四十歲，
才得以不受到任何限制與阻礙。
也許我會在三十歲開始研究軟體開發，
成為了不起的開發人員。
或是四十歲時，為了撰寫遊記，
揹上背包，浪跡天涯。

我再次描繪出二十歲的自己。
最自在、最像我自己的樣貌，
很早就整理了人際關係，因為不想被此擺布，
認真工作的上班族，

依個人的想法來自我管理，
書寫關於愛情的書，但對戀愛不感興趣，
結婚一事尚未知曉，
正努力做到隨心所欲地過活。

當我在公司時，

如果部長或別組同事寄信給我，

我就會不自覺地緊張起來。

「是不是我做錯了什麼？」

「該不會又發生失誤了？」

而遇到這種時刻，

就需要轉念的智慧。

相較於膽怯，更要接納自身的不足。

管他的，難免會出錯嘛。

反正不是故意為之，

下次別出錯就好了。

假如又錯了……那又怎樣。

寬容對待自己的失誤與失敗。

一切都不要緊，

不管別人說什麼，

至少，對我是如此。

 # 對自己寬容

取出來享用的時光

打從模糊地計畫起旅行的瞬間，便充滿了無比的樂趣。預訂前往陌生之地的機票，尋找旅行期間能成為專屬空間的住處，想像自己一邊使用 Google 地圖，一邊在住處附近溜達的模樣，光憑這些就令人悸動不已。

上次連假時，我和母親一起去了法國巴黎，那是我們初次前往歐洲旅行，出發之前便期待萬分。除了犯下一個大失誤——母親機票的英文名與護照姓名不同，其他都準備得縝密而周全。

幾番波折後，總算搭上了前往巴黎的飛機。這是我第一次長途飛行，本來還擔心十幾個小時的搭機時間會很累，結果我把飛機餐吃得乾淨溜溜，還不停地吃著零食，當然最初的焦慮也消失得無影無蹤。

在經歷漫長的飛行後，總算抵達了，但迎接我的不是浪漫氣息，而是沉重的行李箱。我哀號著搭上巴士，前往事先預訂的住處。雖然我和屋主的英語能力都不出色，還好並不阻礙必要的簡單溝通。

進入住處、將窗戶徹底敞開之後，我往外頭一瞧，便見到遠處艾菲爾鐵塔的鮮明倩影。

「啊，我終於來到巴黎了。」

這時我才有置身巴黎的真實感。我們的行程滿檔，一天內會參觀三間絕不可錯過的博物館；而在羅浮宮開放的日子，便參觀到閉館為止。

彷彿遊戲破關一樣，我幾乎走遍了旅遊書籍中出現的觀光地點，相機內累積超過幾千張的照片；一天走了三萬步以上，片刻不停地用雙眼、用相片保存每一幅風景。

結束一週的短暫旅程，搭上前往韓國仁川的班機時，胸口依然滿溢著對巴黎的悸動。雖然遺憾返家時間的到來如此之快，但更多的是，與母親在旅途中逐一累積的樂趣，光是想起便不禁讓人漾開笑容。

「媽，我好像明白為何大家會憧憬和熱愛巴黎了。」

雖然才去過一次，但我有好幾天——不，其實到現在都還把心留在巴黎（這可是個祕密）。

以異鄉人兼旅客的身分，在陌生之地度過一週，成為被現實折磨的我，想「取出來享用的時光」。

不管是加班到很晚，在回家的公車上；睡前內心感到空虛的時刻；在路

取出來

享用的時光

上走著而驀然想起；或者被堆積如山的事情壓得透不過氣時，我的腦海中都會浮現愉快的旅行時光。

打從計畫旅行開始，直到結束行程之後，連在機場搭上回家的巴士，這些記憶都歷歷在目。我不禁心想，難怪就算再短暫，大家還是想去旅行啊。

我感到十分好奇，為什麼我們會想起關於旅行的記憶，經常將它們取出來欣賞，並珍藏在內心的某個角落呢？就算不去旅行，也有很多能夠樂在其中的事才對呀。

這實在很難說，大概是距離現實愈遙遠，分離得愈長久，那段時光才會變成隨時能夠取出來享用的回憶吧。因為是不會絆住自己、不會折磨自己的時光，才能毫不避諱地盡情追憶，與艱辛的現實拉開距離。

我想銘記更多遠離日常的瞬間。若是能夠取出來享用的時光變多，也許再費力的一天，都會變得稍稍輕盈一些。

我想在無人認識自己，對我同樣感到陌生的空間中，度過有別於平日的時光。同時，遺忘自己擁有的煩惱，以旅者、異鄉人的身分，為自己填充新穎的記憶。

因此，今天我也計畫著要旅行。

小小的安慰

大學的最後一個學期，我正在寫期末的小論文。由於拖到繳交期限的前一天才寫，當時簡直生不如死。

我為什麼要自討苦吃呢？早知道就提早完成了……。雖然嘴上嘟囔不停，也忍不住爆粗口，但該完成的文字份量並不會因此減少。等到天氣變暖放晴，就得立刻繳交作業，也不能再拖延下去了，把時間花在抱怨上都嫌浪費。

真不曉得怎能如此天寒地凍。我的腳踝開始感到冰冷，於是打開了足部電暖器，還準備一大杯有助熬夜的咖啡，以全副武裝來應戰。我敲打著鍵盤，努力瞪大疲困的雙眼。

愈接近早晨，睏意也就愈濃厚，我好不容易才維持住逐漸渙散的專注力，用乾澀的雙眼凝視電腦螢幕。早知道就不要喝咖啡，而是喝兩瓶提神飲料，伴隨著拖長的哈欠，淚水鼻水也雙管齊下。

雖然肚子很餓，但如果煮泡麵來吃的話，肯定會直接睡著。我亟需「某樣東西」來維持專注力，控制被報告擾亂的心思。

這種時候，我會把鼻子埋進我家狗狗 Cookie 的肚腩裡。從牠肚皮傳來的暖意，讓我對報告的憤怒宛如春雪融化般消逝無蹤，僵硬的肩膀肌肉也變得鬆緩，彷彿擁抱著祥和、平靜、舒適等令人心滿意足的詞語。

「啊，要是這麼睡著的話，該有多好？」

我將 Cookie 的腳當成呼吸器，擺放到鼻子前，深深地吸了一口氣。狗狗腳丫的氣味，才是國家唯一應該核可的大麻啊！

嗅聞著捲曲的毛髮氣味，腦袋裡雜亂無章的句子也紛紛找到自己的歸宿。回到書桌之前，我又撫摸了Cookie兩次，在牠的額頭印上一吻，悄聲地說愛牠。

我看著電腦螢幕上閃爍的游標，伸了個大懶腰，在Cookie的氣味失去藥效之前，努力地在鍵盤上敲打。

如果再度變得心煩意亂，想揪住自己的頭髮時，就躺在Cookie身旁，聽著牠熟睡時的呼吸聲，如此一來，疲憊的身心又會再次痊癒了。

埋首苦思企劃案、回過神發現事情堆積如山，以及用過晚餐後，又得再度回公司時，我都會渴望嗅聞Cookie的氣味。

如果能和Cookie一起上班該有多好？

Cookie的座位就在我旁邊，可以一起睡個午覺，又可以吃零食，當我感到疲累時，就和牠在公司走廊上滾來滾去，如果能這樣，該有多好？

假如我們公司有「寵物狗結伴上班日」就好了，那麼，也許工作會順利一點呢。

某個渴望 Cookie 在旁的午後，我甚至還會想：「為什麼沒有狗狗腳丫氣味的香水呢？」

如果能夠重現每隻寵物狗腳丫的氣味，打造個人專屬的香水，那該有多好啊。遇到精神崩潰的瞬間就噴灑一下，或者當人還在外頭，卻非常想念狗狗時，也能噴灑一下。

可惜沒有這種香水，所以只要有機會和 Cookie 膩在一起，我就會將整張臉埋在牠身上磨蹭。拖著疲憊的身軀回家時是如此，好不容易戰勝睡眠也無法消除的疲倦、打起精神去上班時也是如此。

我從微不足道的小事中，獲得難以形容的慰藉，就這樣結束了一天，並開啟新的一天。

想過著綠葉人生

我的辦公桌上有幾位色澤翠綠的朋友。當我對「上班—下班—家」這種一成不變的生活感到厭煩之際，這些水生植物就在桌面上占據了一角。

當初因為看到「只要插進有水的花瓶裡，就會自行生長」的宣傳語而被迷惑，於是衝動地購買了「富貴竹」與「綠蘿」。經過幾次點選，結帳完成之後，驀然被能在網路上買植物這件事嚇到，想到自己真的購買了，不由得又大吃一驚。

雖然我非常鍾愛帶著綠意成長的植物，但從來沒有想過要親自栽種。花心思照顧植物、澆適量的水、必要時曬曬太陽等瑣事，只讓我覺得麻煩。

「只是替自己徒增工作而已，幹嘛要種植物？」我漠不關心地說道。

說出這句話時，我看著父親於週末午後，在玄關前壓牢花盆內的泥土，母親則根據季節將花盆搬進搬出。

言猶在耳，之後我決定要一展身手，好好栽種植物，有好幾天的時間都不停地搜尋植物照片。

我苦惱了許久，思索著到底該買哪一種花瓶，最後購買了一堆透明試管、試劑瓶和錐形瓶。我內心充滿期待，如果將嫩綠色的植物插在透明瓶子裡，看起來有多麼清新啊。

網購的富貴竹與綠蘿，就在沒有水分和泥土的狀態下，躺在塑膠包裝內，而我又大老遠地帶回來，因此它們顯得有些枯萎了。

我趕緊拆掉包裝，將植物插入裝滿冷水的玻璃瓶裡。兩天之後，原本病懨懨的葉片恢復了活力，插在水中的莖部也有白色的嫩根探出頭來。

我每天都替它們拍照。儘管他人無法察覺，但對我來說，它們正一點一滴地成長。每到週五，我就會替它們換水，期盼週末不在公司時，它們也能好好長大。而週一早上看到這些植物時，我的「星期一症候群」彷彿有那麼一丁點被治癒了。

我什麼事也沒做，只不過固定換水，它們就自立自強地茁壯起來，讓人覺得既神奇又了不起。每次換水時，看到原先奄奄一息的葉子恢復活力的模樣，不由得感到吃驚。

以前在秋天放學時，我曾聽到某首歌的歌詞：「猶如澆過水的花盆般漾開笑容」，如今我好像懂得這種感覺了。一直認為理所當然的事，被賦予了全新的意義，我不禁怔怔地望著綠葉好幾分鐘。

「所以大家才會栽種植物吧！原以為一輩子都不會種些什麼，沒想到自己正在做這件事呢。」我望著在辦公桌一角毫無不滿、用心生長的綠葉與白色根芽，一邊如此思索。

若是我也為自己澆水，對自己付出關心的話，之後也會長出強壯的根芽，並且綻放朝氣蓬勃的綠葉嗎？

我看著茂盛的植物想著：「你們都成長得這麼好了，我也要做到才行，我，也會變強壯的。」

與自己對視

我盡可能地將臉湊近鏡子，
直到鼻子吐出的熱氣不再讓鏡面模糊。
我看著鏡子，
和瞳孔面對面好幾分鐘，
彷彿觀察著存在於瞳孔深處的另一個世界，
緩緩地、仔細地凝視著眼眸深處。
這是我珍惜自己的方法之一。

我一用毛巾擦拭不斷滴水的頭髮，
宛如稻草般的髮絲，便貼上了額頭與臉頰。
拿起大梳子，梳理溼漉漉的髮絲再分邊，
將帶著溼氣的頭髮往耳後塞，
鏡子裡映照出潔淨的臉蛋。
只要抹上保溼霜和脣膏，
就完成了上班前的準備工作。
走出家門之前，最後再照一次鏡子。
我將臉龐往前探，
像是進入鏡子裡般貼近化妝台，
和鏡中映照出的雙目對視，
什麼話也沒說。
偶爾，反覆對自己傳遞加油的訊息。
「今天也要平安無事地度過。」

「不管誰說什麼，我都不會洩氣。」
不過，比起用言語傳達，
更像是看著雙眼來穩住心靈與想法。

我們這一生中，會與他人四目相交，
以這種方式訴說愛情、分享信任和傳達真心。
那是認同與信任彼此的署名，
面對深愛的人、得以倚靠的人、
依賴的人、想在一起的人，
我們會望進對方的眼底，看得更深。
倘若愛出現了空白，
我們便會企盼某人熱烈地愛自己，
並且對情感本身有所渴求。

儘管大家都說要愛自己，但是

若不知道方法，或者不如己願，
就很容易放棄，
轉而尋找可以愛的對象。
我對和他人「戀愛」這項行為不感興趣，
不過，希冀愛情帶來豐盛與滿足之人，
也許會陷入不斷投入戀愛的窘境。
如果覺得愛他人很容易，
愛自己卻很困難的話，
那麼，我推薦你：每天和自己對視，
說些微不足道的話語或無念無想地凝視，
都會有所助益。

不要看著映照在鏡子裡的外貌，
而是看著自己的眼睛，給自己訊號，

想著我愛著某人時的眼神，
想著我所接收的那對眼神。
雖然只是持續地凝視，
也能令自信感湧現，
並自動清理心靈的沉澱物。

就算不滿意自己的臉蛋，
也能擁有自我信念，安慰自己無所謂，
同時尊重自己，做錯事也不過度自我苛責。
為了告別難以愛自己的心，
並培養珍惜自己的寬宏之心，
今天我同樣照著鏡子，
與自己對視。
原來這就是我啊。
是啊，這就是我。

「真不像我。」

他人記憶中的我，

以及我所認為的自己，

一定有所差異。

其他人覺得很有魅力、

印象深刻的模樣，

那並不是我。

此刻仍不斷變化的我，

今日的我，

現在，才最像我。

 # 怎麼樣才像自己？

暢快的事，就自在地做

高一時，我生平第一次剪掉長髮，變成了短髮造型。

看到說長不長、說短不短的頭髮，母親忍不住說了句話：「你的長相很看髮型，所以要留長髮，臉小的孩子留短髮才好看。」

在那之後，我一直都是長髮。不是修剪掉尾端受損的部分，就是跟隨流行，把頭髮稍微打薄一點，但大致上都是維持長髮。

去年我的頭髮長度，可說是從小到大最長的一次，幾乎到了腰部。我因為嫌麻煩，並沒有認真地用捲髮器整理。

光是每天早上洗頭、吹乾，就占了一半以上的準備時間。但也無可奈何，畢竟原本就一直是留長髮。

心裡雖然想著總有一天要剪短，

但聽到身邊的人說我不適合短髮，還是打消了念頭。

之後，我為了脊椎疼痛而上醫院，由此開始覺得頭髮好重。沒把頭髮綁起來時就披頭散髮，綁起來後又像是有人抓著我的頭髮般沉重。

我深受莫名的疼痛折磨，突然萌生這個想法：「看來我得把頭髮剪了。」

我去了經常光顧的美容院，這裡的設計師不會嘮叨「頭髮尾端受損了，來護髮吧」，或者「燙髮效果不好，來護髮吧」，只是默默地幫我剪好頭髮，所以我才會一再光顧。

聽到我說要剪成短髮，設計師問我：「不覺得先前留的頭髮很可惜嗎？」

「頭髮又不是錢，沒什麼好可惜的。」我回應道。

設計師流露出「好吧，ＯＫ！」的眼神，便將我的頭髮綁起來，剪掉了一大段。

「就算剪了短髮之後，會變成母親所說的大餅臉，或朋友所說的『看起來不漂亮』也無所謂。」

在剪頭髮的當下，我的內心無數次地吶喊。

剪完頭髮之後，我看著用捲髮器精心整理好的模樣，臉型既沒有比較大，也不覺得醜，鏡子裡就只有剪了短髮之後的我而已。

我決定要活得自在些

為什麼我一直不去嘗試這件令人暢快的事呢？

設計師給了我剪掉的頭髮作為紀念，但我只拍了一張照片便丟棄。感覺自己好像完成了某件事，笑嘻嘻地走出美容院。

之後，我的穿衣風格也改變了。

為什麼以前堅持穿貼身的T恤呢？

我將妨礙血液循環的緊身褲扔了，T恤改成買L或XL號，褲子也不買突顯腿型的設計，而是穿起來自在舒服最要緊，這樣就能夠想坐就坐、想躺就躺。

我感到心滿意足，彷彿從來沒這麼開心過。

早在剪短髮之前，我就會以素顏示人或擺脫內衣的束縛，如今連長髮都被拋開。

我，成了完美的我。

再也沒有光滑無瑕的妝容、讓人難以呼吸的內衣、引起頭痛的長髮，以及讓全身緊繃的貼身T恤了。

應該成為怎樣的自己？

每到年底，我必定會制定新年計畫。翻開被寫得密密麻麻的日記本，一口氣列舉出自己的目標。這些清單毫無一致性，但全都代表著要「成為〇〇的我」。

為了變得更苗條，每年我會先寫下「減肥」這個目標；由於去年沒看什麼書（原因單純就是這樣），「一個月讀三本書」便占據了第二項；總是雄心壯志，卻不曾認真執行的「進修英文」，果然也不能漏掉。

成為擁有苗條身材的我、成為喜好閱讀的我、成為持續進修英文的我，這些事被我稱作「自我管理」。

我夢想著自己沒有一絲散漫，度過勤奮不懈、完美無缺的每一天，好好地規劃一整年。只不過，全都是達成率趨近於零的理想內容。

1. 早上運動、飯吃少一點，減肥之後穿比基尼。
2. 在捷運上看書、經常去圖書館、經營讀書部落格。
3. 收聽英文Podcast、觀賞無字幕的美劇、每天晚上準備多益。

哇——這些都是在胡扯！

把不做也無妨的減肥列入計畫之後，反倒帶來了滿滿的壓力；攜帶不會閱讀的書籍到處跑，只是徒增背包的重量；而光是準備即將到來的期中考、期末考及背誦英文課的課文，就已經夠忙了。

這些計畫不只在各面向都毫無用處，而且也無法遵守，還沒徹底實踐，新的一年就再度來臨。回顧我在國、高中時也是這樣，不過，若單就計畫本身來看，豐富的程度就算想拿全校第一，也綽綽有餘了。

說起來，我是在二〇一七年，也就是二十七歲時開始認為，我所制定的計畫終究不可能實踐，也沒有必要遵守。

我領悟到自己並不是藝人或模特兒，這種必須管理身材的人，所以沒有理由每年計畫著要減肥。進修英文總是好事一樁，上班族學習外語也能自我提升，不過，我總是以沒時間的絕佳藉口來輕易打發。而基於上、下班人潮爆滿的理由，我順理成章地將在捷運上看書、一個月讀三本書之類的事拋諸腦後。

我毫無計畫地度過二〇一七年一整年，放棄了以自我管理為名，希求成為更好的自己。反正也無法遵守，還是果斷地打消過度要求自己的念頭吧。

儘管偶爾會因為沒制定計畫，或者沒有自我管理而產生壓力，但比起無法實踐所帶來的壓力，可以說是小巫見大巫。

而且令人吃驚的是，並未因此發生更壞的狀況。當我不再受計畫綑綁之後，反倒閱讀了更多的書；擺脫必須減肥的強迫症後，身體也找回了自由。至於進修英文也一樣，時候到了就會努力，不管怎麼想，這些都不是當務之急。

我決定不讓沒必要的計畫折磨自己，年末也不再用「後悔」來裝飾，如果非得制定什麼計畫，內容將如下：

1. 對於我所喜愛的事情，每天至少享受一次。
2. 別活得忙碌不堪。
3. 滿足於慵懶的一天。

為了自我提升而進修英文，

持續練習吉他、寫花體字等嗜好，

邊聽音樂、邊寫作，

在入睡之前做瑜伽。

雖然我們需要實際的計畫，

但總是羅列出過度理想化地規劃。

在明白這類計畫徒勞無益之前，

計畫本身就令人覺得幸福滿足。

 # 於學生時代的考試期間

我很好

我很好，
正如字典上的意思，平安無恙。

可是，偶爾
我會遺忘自己很好的事實，
經常在自己身上帶入恰恰相反的話語。
好混亂、好不安、好危險……
為什麼會這樣呢？

好似其他人都在往前，唯獨我落後一樣；
相較於其他人，我好像一事無成。
相較於其他人……
我不是和自己，
而是和某人及某人訂立的標準比較。

「尋找有趣好玩的事情。」
我遺忘了自己最單純的標準。
倘若按照社會要求與他人的「標準」過活，
那就是完美的人生嗎？

我決定找回自己的準則，
決定就此中止過去秤量並囚禁自己的比較心。
當我忘卻真正的自己時，

只能感受到惶惶不安；
當我在他人身上尋找自己時，
只能感受到混亂不已。

比昨天更好，
不，就算沒變得更好，
我也決定，只和自己比較。
不比較彼此的速度，
不強求彼此的方向，
即使一成不變的日常令人空虛，
為自己的落後而感到鬱悶，
那也不打緊，
如此，便是安好。

「我走我的路。」

「由我決定我的速度。」

就算聽起來肉麻，也無所謂。

所以，我很好。

雖然會惶惶不安、混亂不已、徬徨無助，

但既然是配合自己的速度，

遵循自己的方向前進，

如此，便是安好。

各位，是否也同樣安好呢？

me
me
我決定和自己比較
嗶嗶！
嗶嗶！

2AF508

不再假裝沒關係

我無法更認真了。
比起成為合格的大人，更想認同那個無能為力的自己

作　者	韓在媛（한재원）
繪　者	金鎮率
譯　者	簡郁璇
編　輯	曾曉玲
封面設計	走路花工作室
內頁設計	楊雅屏
行銷企劃	辛政遠、楊惠潔
總 編 輯	姚蜀芸
副 社 長	黃錫鉉
總 經 理	吳濱伶
發 行 人	何飛鵬

出　版　創意市集
發　行　城邦文化事業股份有限公司
歡迎光臨城邦讀書花園網址：www.cite.com.tw

香港發行所　城邦（香港）出版集團有限公司
香港灣仔駱克道 193 號東超商業中心 1 樓
電話：(852) 25086231
傳真：(852) 25789337
E-mail：hkcite@biznetvigator.com

馬新發行所　城邦(馬新)出版集團
Cite (M) Sdn Bhd 41, Jalan Radin Anum, Bandar Baru Sri Petaling, 57000 Kuala Lumpur, Malaysia.
電話：(603) 90578822
傳真：(603) 90576622
E-mail：cite@cite.com.my

印　刷　凱林彩印股份有限公司
初版 5 刷　2022 年（民 111）1 月
ISBN　978-957-9199-44-5
定　價　350 元

客戶服務中心
地址：10483 台北市中山區民生東路二段 141 號 B1
服務電話：（02）2500-7718、（02）2500-7719
服務時間：週一至週五 9：30 ～ 18：00
24 小時傳真專線：（02）2500-1990 ～ 3
E-mail：service@readingclub.com.tw

若書籍外觀有破損、缺頁、裝訂錯誤等不完整現象，想要換書、退書，或您有大量購書的需求服務，都請與客服中心聯繫。

國家圖書館出版品預行編目 (CIP) 資料

不再假裝沒關係：我無法更認真了。比起成為合格的大人，更想認同那個無能為力的自己 / 韓在媛著；簡郁璇譯 . -- 初版 . -- 臺北市：創意市集出版：城邦文化發行，民 108.04
面；　公分
ISBN 978-957-9199-44-5(平裝)
1. 生活指導
177.2　　108001766

AND
END